サロンワークでそのまま使える！

髪のお悩み
レスキュー
ファイル

HAIR
TROUBLE
RESCUE
FILE

はじめに

トレンドデザインの提案も、お悩みの解消も、サロンワークではどちらも
同じくらい大切。でも、お客さまが毎日を笑顔で過ごすためには、まずは
髪のお悩みへの対処を優先したいもの。

私たち1人ひとりの顔立ちが違うように、髪のトラブルも千差万別で、
その解消法も、たった1つではないはずです。お悩みのタネを取り除く
手段もあれば、時にはそれをデザインとして生かしてみるという方法もある。
さまざまなテクニックを駆使し、扱いやすい髪にすることこそ、美容師の
腕の見せどころだといえるのではないでしょうか。

『髪のお悩みレスキューファイル』は、リアルなお悩みへのアプローチ
方法を、経験豊富な3人の美容師が解説するテクニックブックです。サロン
ワークでも多く見られる代表的なお悩みを、4つのカテゴリーに分けて
ピックアップ。施術の考え方から具体的なテクニックまで、悩めるお客
さまを救う24のアプローチを収録しました。サロンワークで「こんなとき
どうする?」と迷ったとき、あなたの背中を押す1冊となりますように。

髪のお悩みを救う！
アプローチのポイント

まずは、この本で髪のお悩み解消について解説を担当する3人の美容師が、お悩みレスキューのためのポイントをピックアップ。
それぞれの提案のコツを知り、サロンワークの参考にしよう。

> HAPPY

> こんな方法も
> ある！

> この方法で
> 解決！

> 髪の悩み、
> どうにかしたい！

> お悩み

施術

**悩みの
解消方法は
それぞれ違う**

相談

美容師A

> あのテクニックで
> 解消！

お客さま　　　美容師C　　　　　　　　　　　　　　　　　お客さま

美容師B

サロンワークには、「正解」があるわけではない。お客さまの素材が1
人ひとり違うように、髪のお悩みに対しても、担当する美容師によって
解消方法が異なる。この本の中で紹介するさまざまなお悩みへの対応
をヒントに、お客さまがハッピーになるような解消法を探っていこう。

木村亜沙美さん[K-two]の
お悩み解消ポイント

**① お客さまと美容師、
二人三脚で解決への道を探る**

もちろん美容師はプロとして、自分が思うベストな提案をするわけだが、それがお
客さまにとってベストであるとは限らない。毎回ていねいなヒアリングを重ね、お
客さまの好みやライフスタイルを理解しながら、髪の悩みを解決していく姿勢が欠
かせないのだ。

> 仕事で汗をかいたときに、
> 前髪がはねるのが
> 気になったわ

> 前回は髪を
> ●●してみたのですが、
> いかがでしたか？

> お客さま
> データの
> アップデート

では、今回は〜

お客さま　　　　　美容師

**③ もちろん、
デザイン性も必要！**

髪の悩みを解決することばかりに集中する
と、ヘアデザインとしてオシャレじゃなかっ
たり、お客さまの希望に合っていなかったり
することも。どちらも両立できるように、提
案の引き出しを増やすことが大切だ。

**② 来店周期に応じた
提案をする**

髪の悩みを解決する上では、賞"美"期限は
重要なポイント。そして、その期限は1カ月
後なのか、2週間後で良いのかで提案内容
や選択肢が変わってくる。次回来店する時
期を必ず確認しよう。

及川なつみさん[kakimoto arms]の お悩み解消ポイント

スタイリスト　&　カラリスト

① スタイリスト & カラリストの コラボでアイデア倍増

『kakimoto arms』は、スタイリストとカラリストによるスペシャリスト制が特徴。カットやパーマでレングスを変えたり、フォルムをコントロールしたりできるというスタイリストの提案と、髪色やカラーデザインによって雰囲気を変えられるというカラリストの仕事——二者のコラボレーションによって、お悩み解消や似合わせのアプローチの幅を広げることができる。

③ アフターカウンセリングで お悩みの解消法を説明

施術後は、お客さまのお悩みやリクエストに対してどんな施術で応えたのか説明を。例えば、「つぶれがちなトップに自然なボリュームと動きが出るよう、こんなカットを施しています」など、具体的な解決法について話すことで、お客さまの満足度が高まり、信頼度のアップにもつながるはず。

② お悩み解消と理想像の 実現を両立させる

大半のお客さまが、悩みを解消してほしいという思いだけでなく、「こんな風に見られたい」といったイメージを持っているはず。狙う仕上がりによってお悩み解決の方法も異なるため、理想像の実現とお悩み解消をどんなアプローチで両立し、お客さまに似合わせるのか、その方向性の決定が重要なポイントとなる。

DAISUKEさん[MAGNOLiA]の お悩み解消ポイント

① パーマとスタイリングの 合わせ技で解決!

パーマは、カットではつくれない動きを髪にプラスできる、お悩み解決のための強い武器。その力を最大限に引き出すためには、かけたパーマに適したスタイリング方法を必ずお客さまに伝えることが大事。伸ばしながら乾かすのか、タオルドライと自然乾燥だけでいいのか、など、乾かし方も教えると良い。そのとき、なぜこのようなパーマをかけたか、という意図もしっかり添えることで、お客さまの理解がより深まる。

③ 「左右均等」パーマで より扱いやすく

時に、毛流れを考慮して左右で異なる巻き方をする方法もあるが、お悩み解決のパーマにおいて、DAISUKEさんは基本的にすべて左右で均等なワインディングをしている。多少の左右差はパーマで抑えられ、均等にかけたほうが、お客さまも扱いやすいからだ。そして、左右対称なパーマのためには、ターバンのつけ方ひとつとってもおろそかにはできないので、必ず鏡で確認しながら施術する。

② カールの「重なり」が、 お悩み解決の鍵

パーマで全体のフォルムをつくるのは、1つひとつのリッジではなく、それらの「重なり」。ボリュームを出したい箇所は、カール同士をぶつけるようにしてつくったり、立体感を出したいところは、リッジが互い違いに重なるようにつくる。頭の理想的な丸みを表現するために、ステムの上げ下げを変えていくことも大切。

アプローチの実例をストックし、
サロンワークにリアルに活用！

髪のお悩み レスキューファイル

私が
担当します！

HAIR
TROUBLE
RESCUE
FILE: **#01**

木村亜沙美
[K-two]

THEME

クセ

そのクセ、消す？ それとも生かす？

第1章のテーマは「クセ」。
クセは、消すべきものと思っている人もいるかもしれないが、デザインとして生かせるクセもある。
どの部分にどんなクセがあるのかをていねいに確認した上で、
お客さまの希望やライフスタイルを加味したオーダーメイドの提案が不可欠だ。

		木村亜沙美 [K-two]	及川なつみ [kakimoto arms]	DAISUKE [MAGNOLiA]
第1章	[クセ]	NOW HERE! FILE 01	FILE 02	FILE 03
第2章	[ダメージ]	FILE 04	FILE 05	FILE 06
第3章	[ボリューム]	FILE 07	FILE 08	FILE 09
第4章	[エイジング]	FILE 10	FILE 11	FILE 12

満足度の高いクセ対応
接客の3ステップ

まずは、木村さんがクセに悩むお客さまを対応するときに心がけていることをまとめた。
仕上がりの満足度には、技術やデザインだけでなく、接客も大きく関わっている。

1　来店時

クセはもちろん、スタイリングのスキルや好みもチェック

来店時の髪の状態は、お客さまによって異なる。素髪の人もいれば、ストレートアイロンやカールアイロンでスタイリングしている人もいる。つけているスタイリング剤もさまざま。ここで、クセについてはもちろん、その人のスタイリングのスキルや好みをチェックしておこう。フィニッシュワーク込みで施術を組み立てられたり、その人に合ったスタイリング方法を伝授することができる。

2　カウンセリング

お客さまの思いを引き出し、原因を明確にする

お客さまは「髪で悩んでいることは？」と言われても、はっきり答えにくい。来店時の髪の状態を確認したら、思い当たることを投げかけることが大事。また、お客さまが「クセがある」と言ったとき、それは本当にクセなのか、それともダメージによるものなのか、骨格の影響なのかを確認した上で、その情報をお客さまと共有しよう。お客さまにも現状を理解してもらうことが、納得感の高い施術へとつながる。

お客さまの「こうしたい！」を無下にしない

お客さまの中には、「とにかくすいてほしい！」など、美容師としてはあまりおすすめできないこだわりを持っている人もいるが、無下に否定するのはNG。毎日自分の髪を触っているお客さまが言っていることにはしっかり耳を傾けながら、メリット・デメリットを伝え、お客さまとベストな施術内容を詰めていこう。

3　施術中

クセを解消する施術のときは、きちっとアピールしておく

例えば、トップにレイヤーを入れようとするときや、ワインディングを始めるとき、施術のポイントとなる場面になったら、「今から、クセを解消するための施術をします」と伝えるのが◎。何をしているのか分からずに長さを切られたり、髪をロッドで巻かれたりすると、不安に思うお客さまがいるからだ。また、カウンセリング時に伝えたことをきちんと覚えてくれていた、という安心感を与えることもできる。

バック内側がさまざまな方向にうねる
＆顔周りが外側にはねる

最初に取り上げるのは、セクションごとに異なるクセがある場合で、お客さまもストレスに感じていることが多い。
各セクションにどんなクセが出ているのかしっかり分析し、それぞれにアプローチ方法を変えよう。

□硬さ	普通
□太さ	細い
□量	多い
□カットベース	肩上レングスのワンレンボブ

バックのミドル／ネープ

ネープはさまざまな方向へうねるクセあり。美しいフォルムにするためにここは締めたいが、このクセが原因で収まりが悪くなっている。ミドルは、ネープと異なる左側にのみ流れるクセがある。

顔周り

バングの端は外側にハネやすく、長めのサイドバングは内側に曲がりやすい。顔周りは、汗をかいて濡れたりするとクセがより強く出て、それを自分でも気付きやすいので鬱陶しさを感じやすい。

クセを消して、コロンとしたツヤやかで丸みのあるボブへ

今回のクセは、まとまりやすい美フォルムなボブの邪魔をするものなので、「消す」施術を提案。お客さまの希望をしっかり聞きつつ、ベターな道筋を描きましょう

パーマ　　PERM

パーマで内巻きに仕上げる。クセが強いネープ〜ミドルと、クセが弱いオーバーで1液の剤形を使い分け、各セクションに適した力でパーマをかける。また、顔周りのクセはストレートにしたいが、この部分だけにストレートパーマをかけるのは大変なので、1液を塗布した後真っすぐにコーミングすることで、クセを解消。

＋

カット　　CUT

うねりやすいネープの収まりが良くなるよう、アウトラインには重さを残すのが◎。カット後に施術する内巻きのパーマを意識しながらワンレングスでカット。このとき、うねる毛流れを丁寧に確認しつつアンダーからつなげていくのがポイント。また、毛量調整ではクセに逆らう毛流れをセニングでつくっていく。

クセ

ASAMI KIMURA [K-two]

バックのウエットカット

パーマで内巻きカールを付けることを念頭に置き、コームの通し方に注意しながらワンレングスにカットしていく。

③ カットし終えたら髪をコームで左右に動かし、クセでうねったときのアウトラインのそろい方を確認。乱れていたら整える。

② バック1段目（ネープ）の毛先3センチをワンレングスにカット。

① 現状のカットベースは、アウトラインからネープが飛び出て収まりが悪く見える。これをウエットカットで整えていく。

NG 髪に強いテンションをかけてコーミングしたり、コームを髪に押し当てながら通したりすると、アウトラインが正しくチェックできないので注意しよう。

OK 今回はパーマで内巻きに仕上げるので、コームで毛先を優しく内側に収めながらアウトラインをチェックする。

⑤ バックのウエットカットが終了した状態。

④ 2段目以降は、下のパネルをガイドにして同様にワンレングスでつなげる。切り終えたら、③の工程を忘れずに行なう。

サイドのウエットカット

サイドのアウトラインは、毛流れとフォルムを決める重要な要素。クセの出方、髪の密度などを見ながらラインを設定しよう。

⑧ サイドのウエットカットが終了した状態。

⑦ 今回は毛先に厚みを出すことでハネを解消したいので平行に切っていく。ここもワンレングスでカットしアウトラインに厚みを出す。

⑥ サイドは他と比べて髪が薄め。クセはそれほど強くないが、このままの長さで前下がりに切っていくとサイドだけハネてくると予想。

毛量調整＆バングカット

セニングを入れる際は、全体に均一に入れるのではなく、クセの状態によって入れどころと入れ方を見極めるのが大切。

ドライ後、毛先のブラントなラインを和らげるため適宜セニング。散らばりやすいネープにはセニングを入れ過ぎず、左に流れるクセがあるミドルを中心に毛量調整。とったパネルの右から左へグラデーション状にセニングを入れてクセに逆らう毛流れをつくる。

NG サイドバングを切るときに無意識にパネルを持ち上げてカットしないように注意。レイヤーが入り、余計な軽さがクセのうねりを助長してしまう。

⑫ ハネてまとまりにくいサイドバングをカット。長く残しすぎるとクセで散らばりやすいので、頬骨にかかるくらいの長さに。小顔効果もアリ。

⑪ バングは、センターのメインバングとサイド寄りのサイドバングに分けてカット。メインバングは、両眉尻間をとってラウンド気味に切る。

⑩ サイドはもともと密度が薄いので、セニングは入れない。

サイド～バック

クセの強さで１液の剤形を変えて内巻きに

② うねるクセを伸ばすように、コームでテンションをかけてとかす。

① ネープ～ミドルまでは、根元を１センチ空けてクリームタイプの１液を塗布。

④ オーバーは、リキッドタイプの１液をつけ巻き。23ミリのロッドで③と同様に巻く。

③ 20ミリのロッドで毛先から1.5回転平巻き。

顔周り

クリームタイプの１液でしっかりクセを伸ばす

① メインバングの端からサイドバング全体までを分け取り、根元を５センチあけてクリームタイプの１液を塗布。

② クセを伸ばすため、コームでしっかりストレートにとかす。他のパネルに薬液がつかないようにホイルの上に置いて放置。

ロッド径

黄：20ミリ、オレンジ：23ミリ

プロセス

1液：①アリミノ「コスメクリームH」、②アリミノ「コスメカールH」
2液：③アリミノ「コスメクリーム アフタークリーム」、④アリミノ「コスメカール アフターローション」
バック～サイドのアンダー～ミドルに①を塗布して、ワインディング。オーバーは②をつけ巻き。サイドバングに①を塗布しコームで伸ばしてホイルに置く。10分放置後、中間水洗。2液として①の部分には③、②の部分に④を塗布し７分・７分の２度づけ。

POINT

強いクセをしっかり伸ばしたい部分にはクリームタイプ、クセが弱いところにはリキッドタイプの１液を使おう

クリームタイプの１液はリキッドタイプの１液に比べてテクスチャーが硬いため、髪にしっかり留まって作用させることができ、パーマのかかりも良い。そのため、クセ対応でパーマのパワーを求めるならクリームタイプが最適。逆にクセが弱く、強い力で伸ばす必要がない部分はリキッドタイプでOK。

FINISH

ミドル　　　　　　襟足

顔周り

丸いフォルムがキュートなワンレンボブに。アウト
ラインに内巻きカールがついて収まりが良くなった。
また、バングのクセも自然なストレートに収まって
顔周りの鬱陶しさも解消された。

hair design_Asami Kimura [K-two]
make-up_Ayami Iwasaki [K-two]
photo_Seiji Takahashi [JOSEI MODE]

ー クセ ー
生かす!

バックの内側にのみ
大きく波状にうねるクセがある

"クセ毛風"という枕詞もあるぐらい、デザインとして生かすとかわいいクセもたくさんある。次に見ていくケースがそれだ。
お客さまと相談しながら、消すばかりではないクセとの付き合い方も知っておこう。

	現状分析
□ 硬さ	軟らかい
□ 太さ	細い
□ 量	少ない
□ カットベース	肩下20センチのローレイヤーロング

クセの出方に
パートごとで差が!

バックの中間〜毛先
ー

中間〜毛先に不均一な波状のクセがある。アンダー、トップはそれほど強くはなく、ミドル付近に最も強くこのクセが表れている。

サイド
ー

サイドはほぼクセがなくナチュラルなストレート。

クセを生かして、今っぽい緩やかウエービーヘアに

	施術プラン

PERM

パーマ
ー

今回はこのクセを生かす提案。全体にパーマでクセ毛風のやわらかなウエーブをかけて、今っぽい抜け感ロングに仕上げる。ただし、クセが強く出ているミドル付近は強くかける必要がなく、クセが弱い他の部分にはしっかりウエーブをつくりたい。そこで、使用するロッド径数を変えることでウエーブの強さをコントロールしていく。

このウエーブを見たときに、私は良いクセだなと思ったので生かすことに。しかし、お客さまがこのクセを嫌っていたら消す方法も提案しましょう

セニングを根元から入れると、特にクセの
強い部分は短い髪ができていろんな方向
に散らばり、パサついた印象になってしまう。

毛量調整。内側に縦パネルを取って中間
からグラデーション状にセニングを入れる。
まとまり良くするため、表面の長さは残す。

もともと表面に入っていたレイヤーをアン
ダーとつなげる。

ドライ状態のままカット。毛先が薄いので
ブラントにカットして厚みを出し、クセで散
らばらないようにする。

パーマプロセス

巻き方

全て中間からスパイラルに毛先を巻き込む。
フォワード・リバースを交互に配置する。

プロセス

1液：ミルボン「プレジュームT/C」
2液：ミルボン「プレジューム 第2液」
付け巻きでワインディング。10分放置後、中間
水洗。2液を塗布し5分・5分の2度づけ。

ロッド径

■サイド

2段共：20ミリ（黄）

■バック

4段目：20ミリ（黄）
3段目：23ミリ（オレンジ）
2段目：23ミリ（オレンジ）
1段目：20ミリ（黄）

POINT —

ロッド径は、「クセが強い部分＞クセが弱い部分」で リッジの強さをコントロールする

もともと波状のクセがあるので、強いリッジをつける必要がないところは、クセが弱くてしっかりウエーブ
をつけたいところよりロッド径数を上げる。こうすることで、全体にほぼ均一なウエーブをつくることがで
きる。リッジの強さをコントロールする方法はいくつかあるが、ロッド径数での操作は結果が読みやすい。

---- FINISH

パートごとの差が
ほぼなくなった

バック中間〜毛先

サイド

全体にやわらかなウエーブがつき、抜け感のある
ロングスタイルに仕上がった。ウエーブに紛れて
クセも目立たなくなった。顔周りはあえてパーマを
かけずにストレートで残し、小顔効果を狙っている。

hair design_Asami Kimura[K-two]
make-up_Ayami Iwasaki[K-two]
photo_Seiji Takahashi[JOSEI MODE]

木村さん流クセの見極め
きほんの き

細かくパネルを分け取りチェック

クセは部分ごとに不均一に出ていることがあり、
さらに同じセクションでも根元・中間・毛先で
強さや出方が違うことも。それを正しく把握す
ることが、クセ攻略の第一歩。細かくパネルを
分け取って、コームで毛束を動かしながらどこ
に、どんなクセが、どれくらいの強さで出てい
るのか漏れなく確認しよう。

アプローチの実例をストックし、
サロンワークにリアルに活用!

髪のお悩み
レスキューファイル

私が
担当します!

HAIR
TROUBLE
RESCUE
FILE:

02

及川なつみ
[kakimoto arms]

THEME

クセ

「浮く」&「うねる」クセ、どう対応する?

FILE 02 は、サロンワークでも多く見られる「浮く」「うねる」クセへの対応を紹介。
グラデーションカットを効果的に使ってフォルムをコントロールしつつ、
パーマやヘアカラーを施してデザイン性を高めるアプローチについて学ぼう。

		木村亜沙美 [K-two]	及川なつみ [kakimoto arms]	DAISUKE [MAGNOLiA]
第1章	[クセ]	◯ FILE 01	NOW HERE! ◯ FILE 02	◯ FILE 03
第2章	[ダメージ]	◯ FILE 04	◯ FILE 05	◯ FILE 06
第3章	[ボリューム]	◯ FILE 07	◯ FILE 08	◯ FILE 09
第4章	[エイジング]	◯ FILE 10	◯ FILE 11	◯ FILE 12

「抑える」&「生かす」
クセへのアプローチ法

ここでは「浮く」、「うねる」クセを抑える & 生かすアプローチを紹介。
モデルに施術をする前に、それぞれのクセへの対応としてポイントとなるテクニックを確認しよう。

「浮く」クセをセーブ

  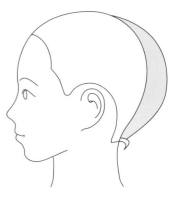

3	2	1
ピンカールでタイトに	**ミドルセクションから切り始める**	**グラデーションで抑え込む**

浮くクセをパーマで抑えるには、ピンカールが最適。巻く方向やステムを毛束ごとにコントロールできるので、フォルム & ボリューム補整が細かく行なえる。また、毛先に動きを出すことで、気になるクセをぼかして目立たなくさせる効果も。

浮くクセは、特にアンダーセクションに多く見られる。アンダーから切り始めると、浮くクセの影響でイメージよりもウエイトポイントが高くなってしまう。ウエイト位置を先に設定することで、クセによってフォルムのバランスが変わることを回避できる。

浮くクセの上にかぶさる髪をつくることで、収まり良く。フォルムのもたつきが気になる場合は内側を軽くし、グラデーションを重ねてすっきりとしたフォルムに。パネルごとにグラデーションの角度を細かく調整し、部分的に異なる浮き上がり方に対応する。

「うねる」クセを生かす

3	2	1
束感カラーで立体的に	**削ぎは最小限に抑える**	**段差の付け方を細かく調整**

うねるクセによって動きは出るものの、それだけでは全体が単調に見え、ややメリハリに欠ける。ウイービングでハイライトを施術して動きや束感をさらに強調しつつ、立体感のあるデザインに仕上げて変化をつける。

髪がうねって膨らみやすいからと言って、削ぎを多用すると、余計にボリュームが出てしまう。削ぎを入れるのは内側のみにとどめ、クセによるもたつきを取り除く。オーバーの厚みをかぶせて膨らみを抑え、程よいボリューム感に仕上げる。

うねるクセはフォルムが膨らんで見えやすいため、ワンレングスに見えるスタイルでも、細かな段差のコントロールが必須。また、サイドはややタイトに仕上げて立体感と奥行き感を出すなど、フォルムが膨張して見えないよう工夫することも大切。

襟足と耳後ろが浮きやすい

浮き上がるクセに対するアプローチからスタート。ショートのスタイルづくりにおけるポイントともいえる
耳後ろと襟足は、浮きを抑えてすっきり見せることで、美しいフォルムに仕上げよう。

現状分析

□硬さ	やや硬い
□太さ	やや太い
□量	多い
□カットベース	前下がりのグラデーションボブ

耳後ろ
—
後方に向かって立
ち上がるクセがあ
り、フォルムが締ま
りづらい

襟足
—
左右に広がりつつ、
浮き上がるクセが
ある。

カットプロセス

2段目は、1段目にオーバーラップさせるよ
うにパネルを取り、クセの状態を確認しな
がら、セイムレイヤーでカットした部分にグ
ラデーションを入れていく。

③ ぼんのくぼ～アウトラインの1センチ程度上ま
でをカット。浮きやすい部分にかぶさる髪をつく
り、クセを抑える。

② 徐々に斜めスライスに移行させながら、パネル
をリフトアップしてグラデーションを入れ、耳後ろ
まで前下がりの段差をつくる。2段目、3段目も
同様にカット。

① バックポイントをまたぐようにパネルを取り、ミド
ルから切り始める。クセの状態が分かりづらい
場合はセイムレイヤーでカットし、パネルの下辺
の長さを残す。

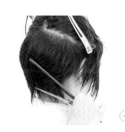

⑦ オーバーセクションはバイアスにスライスを取り、
ハイグラデーション気味にカット。しっかりと丸み
を残す。

⑥ クセが強い部分はコームを使ってカットすると不
自然なアウトラインになるため、フリーハンドで
切る。その後、毛先にチョップカットを入れ、隙
間をつくる。

⑤ 襟足にはあえて段差をつけず、レングスのみカ
ット。

④ 特にクセが強い部分は、さまざまな方向にコー
ミングし、クセが向かう方向を観察。クセの毛
流れを生かしたままカットする。

⑪ トップにレイヤーを入れる。ミドル、アンダーの重さは残しつつ、適度な軽さをプラスする。

⑩ 前髪とサイドの境目はスライスを薄く取ってレイヤーカット。隙間をつくってもたつきを取り、立体感を出す。こうすれば前髪を後ろに流しても重くならない。

⑨ 表面はバックにつながるよう、やや前下がりのグラデーションを入れる。サイドの表面は内側のレイヤーにはつなげずにグラデーションカット。

⑧ サイドは上下2段に分ける。内側にはレイヤーを入れて耳周りのもたつきを取り除き、タイトなフォルムに。

> パーマプロセス

④ バックサイドは、サイドよりもロッドのサイズを少し細めにし、フォルムに立体感を出す。

③ サイドはステムを上げ過ぎないよう注意して毛先から巻く。

② ミドルセクションは、ダウンステムに引き出して巻く。狙うカールよりもロッド径を2サイズ細めにし、内側の毛先にも動きを出す。

① センターは毛先からリバースに巻き、トップをふんわりとさせつつ、毛先に柔らかい動きを出す。厚めのスライスを取り、狙うカールより少し細いロッドで巻く。

⑦ ロッドで巻いた部分の真下は少しステムを上げてピンカールを施す。ロッドとピンカールとの境目をなじませつつ、フォルムに立体感を出す。

⑥ **OK / NG** 耳後ろは、毛束を真下に引き出すと収まりが悪くなってしまうのでNG。毛束を前方に引き出しながら巻くことで後方に向かって浮き上がるクセを抑えつつ、フォルムを引き締める。

⑤ 浮くクセを抑えたいアンダーセクションにはピンパーマを施す。もみあげと耳後ろは、頭皮に添うように毛束を引き出して巻く。

— FINISH

 POINT

カット ｜ グラデーションを重ねて浮きグセを抑える

浮き上がるクセをセーブするために、グラデーションの重なりを利用する。特にクセを抑えたい襟足は、レイヤーを入れずに重さを残し、グラデーションでクセをおさえ込む。

パーマ ｜ トップはふんわり、アンダーはタイトに

アンダーの浮きグセはピンカールでタイトに抑えつつ、毛先に動きを出す。オーバーはロッドを使って程よいボリューム感と柔らかさをプラス。セクションごとにアプローチを変えることで、立体感のあるフォルムに仕上げる。

ロッド径
オレンジ（バック）：13ミリ、青：17ミリ、緑：19ミリ、黄緑：21ミリ、オレンジ（前髪）：23ミリ

プロセス
ワインディング→1液塗布→8分放置
→中間水洗→2液塗布（7分・7分の2度づけ）

使用薬液
1液：アリミノ「コスメカール」H（ロッド部分、前髪、もみあげ）、EX（もみあげ以外のピンカール部分、ロッド部分の根元）
2液：「コスメカール アフターローション」

グラデーションボブのスタイルに緩やかなパーマを
かけたデザイン。カットとピンカールで浮き上がる
クセを抑え、気になるもたつきを解消。やわらかい
動きを加えて女性らしさを添えつつ、グラデーション
による奥行き感と毛先の抜け感でスタイリッシュに。

hair design_Natsumi Oikawa [kakimoto arms]
make-up_ Tomoyo Nishino [kakimoto arms]
photo_Seiji Takahashi [JOSEI MODE]

全体にうねるクセがある

うねるクセはデザインとして生かしやすい反面、フォルムが膨らんでバランスが取りづらくなる。
ここでは、フォルムコントロールのコツと、デザインに変化をつけるヘアカラーテクを紹介。

現状分析	
□硬さ	軟らかい
□太さ	細い
□量	多い
□カットベース	前下がりのローグラデーションスタイル

全体的にうねるクセ ｜ うねりによってフォルムが膨らみやすく、立体感のない印象になってしまう。

カットプロセス

④ オーバーセクションは、パネルをリフトアップしてグラデーションを入れる。

③ 三ッ襟の角が残りやすいので、アウトラインを残したまま、内側のみ少しカットする。この部分を丁寧にカットしておくと、チェックカットが少なくて済む。

② バックポイントより下はイングラ気味にカット。ワンレングスに切ると、クセによって内側の髪がはみ出ることがあるため、内側よりも少し長めに残す。

① スライスを薄めに取り、目の粗いコームを使ってテンションをかけずにカット。生えグセが目立つ部分はいろんな方向にコーミングし、クセの状態を確認して切る。

⑧ 表面は、さらにパネルの角度を上げてカットする。サイドはバックに比べて厚みが少ないため、パネルを少しリフトダウンしてカット。

⑦ サイドはパネルをリフトダウンし、前下がりにカット。もみあげ部分は長さが残っていると重くなってしまうため、少し短く切り直して重さを取り除いておく。

⑥ その上もパネルをリフトアップしてグラデーションカット。耳後ろまでつなげる。常に引き出したパネルの正面に立ってカットし、重さがたまるのを防ぐ。

⑤ 耳後ろはアウトラインにつながる部分なのでパネルを上げて切ると、三ッ襟の部分が浮いてしまうので注意。少し長めに残し、浮き上がりを抑える。

POINT
重心を上げてバランスの良いフォルムに

アンダーとミドルはワンレングスにイングラを入れ、オーバーにはグラデーションを入れる。全てをワンレングスに切ると立体感がなくなるため、バックはやや重心を上げてバランス良く。また、サイドは前下がりにすることで顔周りの広がりをセーブ。

⑩ イングラを入れた内側にスライドカットを施す。毛先の重さは残しつつ、隙間をつくる。特にバックポイントの部分に厚みが残りやすいので、しっかり量を取る。

⑨ ドライカット。オーバーセクションの毛先には深めのチョップカットを入れ、隙間をつくって動きを出しやすくする。

スライス間を1センチあけて②と同様のウイービングでハイライトを施す。隣り合うスライスでウイービングのチップが重ならないよう、互い違いに配置する。

ハチラインに幅3ミリ、深さ3ミリ、間隔7ミリのウイービングで薬剤Aを根元から塗布し、ハイライトを施す。

バング、サイド（左右の内側、表面）、バックトップ（左右）の7つにブロッキング。この部分にハイライトを施術する。

ホイルワーク終了後20分放置し、水洗して乾かした状態。ハイライト部分は14レベル程度までリフトアップしており、ベースとのコントラストがついている。

前髪は産毛までスライスを取ってハイライトを施術する。こうすることで、前髪の長いスタイルでも顔周りに影ができず、明るい表情を演出できる。

顔周りの第1線は、生え際のかたちに合わせてスライスを取る。スライスの厚さは5ミリにし、程よくなじませる。

最初にブロッキングした部分に、全て同じウイービングでハイライトを施術する。

根元への塗布を終えたら、中間〜毛先に薬剤Cを塗布。全体のトーンを落ち着かせつつ、ツヤ感をプラスする。5分放置後、水洗。

根元5センチに薬剤Bを塗布する。

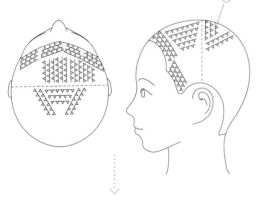

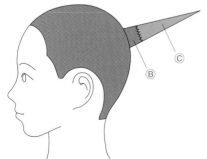

POINT

パサつきをカバーしつつ立体感と動きをプラス

クセ毛はパサついて見えがちなので、ブリーチ施術は最小限に。また、乾燥して見える寒色系カラーもなるべく避けるのがベター。表面には削ぎが入っていないため、細かいウイービングでも毛先までしっかりとハイライトを見せられる。

レシピ

Ⓐ ハイライト／ロレアル プロフェッショナル「プラチニアムプラス」＋6%（2倍）
Ⓑ トナー（根元）／ロレアル プロフェッショナル「アルーリア ルミトナー」10シルバー：8ベージュ＝2：1＋2%
Ⓒ トナー（中間〜毛先）／ロレアル プロフェッショナル「アルーリア ルミトナー」10シルバー＋2%

NATSUMI OIKAWA [kakimoto arms]

全体的にうねるクセをデザインとして生かしたスタイル。うねるクセは横広がりのボリュームが出やすいが、前下がりのラインにカットすることで、広がりを奥行きとして見せている。束感を強調する繊細なハイライトを施し、洗練されたイメージに。

hair design_Natsumi Oikawa [kakimoto arms]
hair color_Tomoyo Nishino [kakimoto arms]
make-up_Sakura Itoyama [kakimoto arms]
photo_Seiji Takahashi [JOSEI MODE]

及川さん流クセの見極め
きほんの き

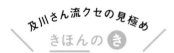

クセが流れる方向をよく観察する

カットする前に髪をさまざまな方向にコーミングしたり、手で動かしたりして、クセがどこへ流れているのかを細くチェックすることが大切。コームでテンションをかけてカットすると、クセが不自然な方向へ動いたまま切ることになるため、余分な髪が出てきたり、ラインが乱れたりする原因となるので注意。

アプローチの実例をストックし、
サロンワークにリアルに活用！

髪のお悩み
レスキューファイル

私が
担当します！

HAIR
TROUBLE
RESCUE
FILE: **#03** DAISUKE
[MAGNOLiA]

THEME

クセ **クセは消さずにパーマで生かす**

髪のクセがもたらすものは、人によりさまざま。時にまとまりにくかったり、パサついたり……。
でも、クセは一生付き合っていかなければならない「個性」。
だから、お客さまがクセに対する見方を変え、「自分だけのパーマ」として好きになれるような提案をしたい。

	木村亜沙美 [K-two]	及川なつみ [kakimoto arms]	DAISUKE [MAGNOLiA]
第1章　[　クセ　]	◯ FILE 01	◯ FILE 02	NOW HERE! FILE 03
第2章　[　ダメージ　]	◯ FILE 04	◯ FILE 05	◯ FILE 06
第3章　[　ボリューム　]	◯ FILE 07	◯ FILE 08	◯ FILE 09
第4章　[　エイジング　]	◯ FILE 10	◯ FILE 11	◯ FILE 12

はじめに

クセを「生かす」ための
考え方と方法を学ぼう

クセは隠さずに「生かす」ものだという信条のDAISUKEさん。
その理想を実現するために踏んでおきたいステップを、このページで理解しよう。

基本の考え方

クセに対するコンプレックスを解消しよう

クセ＝最高のパーマ！

クセは、いうなれば「根元から曲がる天然のパーマ」。ネガティブに捉えられがちだが、初めから髪に動きがついていることは、大きなメリットでもある。お客さまには、そんな自分のクセを好きになってもらえるよう声かけをし、「生かす」施術を提供したい。クセは一生付き合っていかなければならないもの。前向きになれるような提案を心掛けよう。

> 「とても良いクセですね！」という
> 言葉をかけることも大切。

クセの見極め方

強すぎるところと足りないところを見極める

とは言っても、クセは必ずしもそのままの状態で生かせるとは限らない。
理想のヘアデザインを考えたときに、「強すぎる」部分は抑え、「足りない」部分には動きをプラスして、クセがよりよく生きるような施術を行なう。

■「悩み」はきちんと理解する

クセを「生かす」ことを推奨する、とは言っても、お客さまにとってクセによる「お悩み」がマイナスであることは事実。その気持ちをよく理解し、お悩みの根源となっているクセはしっかり抑えてカバーし、満足のいく仕上がりを提供したい。

■見て、触れて、ぬらして判断

クセ本来の動きは、コールドパーマと同じように、ウエットの状態で初めてその姿を現す。だから、カウンセリングのときはドライとウエット、両方の状態を確認。全体の動きを目でしっかり見て、また、必ず手で触って細かい形状を確かめる。

■グラデーションで抑え込む

大きくうねるようなクセであれば、毛先と中間に動きを足せば、クセをパーマの一部として生かせる。また、波状毛なら、全体のクセを生かして毛先にニュアンス付けをする。クセはあるけどボリュームのない人は、中間に動きを出す、などの判断をする。

美しい仕上がりのための
大小のポイント

クセを自在にコントロールして「生かす」ためには、カットとパーマ、スタイリングに至るまで、さまざまなポイントがある。
その中でも、よく使うテクニックをここで紹介。

PERM
—
毛先にカールをつける

多くの場合において、毛先にワンカール等の動きをしっかり出すことが、クセを含めたパーマデザインのバランスを取ることにつながる。中間からボリュームが必要な場合は中間巻き、毛先に出せば良い場合は毛先巻き、とワインディングを使い分ける。

PERM
—
リッジをずらして立体的に

クセのせいで重くなりやすい髪質なら、異なるリッジの組み合わせで立体感を出すと、適度に軽く見せられる。ロングロッドと通常のロッドを交互に配置するなどしてウエーブをつくる。

STYLING
—
ドライヤーを使ってツヤを出す

特に波状毛の場合は、パサつきやすいことが多い。こうした髪には、まずはドライヤーでしっかり熱を加えてツヤを出す。その後、ムース等でスタイリングして、パーマを強調しつつ、さらにツヤ感をプラスする。

CUT
—
厚みを取りすぎないように注意！

毛量調整は、セニングよりもスライドカットやストロークカットを中心に使う。厚みと同時に、クセの長所を適度に生かすことができる。

パネルをリフトアップして毛量調整する。内側の髪を比較的多く残すことで、クセが動きすぎるのを防げる。

PERM
—
軟化チェックは要注意

クセ毛の方は、はじめからウエーブやカールがある状態。軟化チェックの時、十分に軟化していなかったとしても、OKだと勘違いしてしまう可能性がある。特に、アシスタントに指示を出すときは、そのことを伝えてミスを防ごう。

PERM
—
ロッド径は大きく、回転数は少なく

まとまりにくいクセ毛にパーマをかける場合は、通常のパーマよりもロッド径は大きめ、回転数は少なめでワインディングし、ややゆるめのリッジをつくると、クセとの組み合わせで、ちょうどよい動きが出せる。

一 クセ 一
生かす！

バックがうねる＆
根元が立ち上がる

うねるクセと、根元が立ち上がるクセがあり、スタイルがまとまりにくいケース。
これら2つのクセを消さずに、カットとパーマで生かす方法を紹介しよう。

現状分析

□硬さ	普通
□太さ	普通
□量	多い
□カットベース	ショートレングスのレイヤーボブ

中間〜毛先にかけて、さまざまな方向にうねるクセがある。フォルムにまとまりが出にくく、バックセンターに髪が溜まって跳ねてしまう。

根元が立ち上がるクセによって全体にボリュームが出てしまい、ボサッとした印象に。

うねり＆立ち上がりを生かしたパーマスタイルに

施術プラン

クセは決してネガティブなものではなく、その人が持つ強みの1つ。お客さまには、クセを消さずに生かせるヘアスタイルがあること、クセを生かすことで普段のお手入れが楽になる方法をお伝えします。

パーマ
PERM
—
**パーマは「足し算」
メリハリを加える**

表面や顔周りは、根元が立ち上がるクセを生かし、中間〜毛先に緩やかなウエーブをつくる。表面に向かって徐々にステムを上げて、クセを生かしながらボリュームを足すことでメリハリのあるデザインに仕上げる。

＋

カット
CUT
—
**毛量を「引き算」して
パーマの下地をつくる**

うねりとボリュームのある髪を、パーマで動きを出しやすくするため毛量調整を行なう。ウェットカットは、レザーで長さと量を整えて毛先の表情を柔らかく仕上げ、ドライ後は、スライドカットで残りの重さを取り除く。

③ レザーでカットする部分は、長さを切るよりも、クセで広がった髪にまとまりを出すイメージ。パーマでまとまりを出しやすいようにする。

② 左右はパネルを下げたままカットし、根元が浮かないようにする。

① アンダーは上下2段に分ける。ネープのセンターに縦スライスを取り、レザーでグラデーション状にカット。

ウエットカットは レザーで量感調整

レザーでカットすることで、中間〜毛先がなじんで収まり、量感調整も同時にできる。

⑦ ミドルセクションは、アンダーの毛量をガイドにレザーカット。左右につなげる。

⑥ センターは、下段をガイドにして縦スライスでグラデーション状にカットする。

⑤ 上段と下段のつなぎ目もカットし、しっかりと毛量を取る。

④ 2段目は斜めにスライスを取り、根元〜中間の量感調整を施す。逆サイドも同様に行なう。

⑩ 顔周りをリップラインでブラントカットしたら、ウエットカット終了。

⑨ サイドはブラントでレングスを設定。リップラインで切り揃える。

⑧ バックの毛先をチョップカットでなじませる。

毛先の厚みを取る& レングスを設定

バックの毛先はブラントカットだと厚みが残り、跳ねやすくなってしまうため、チョップカットを活用。

⑬ ネープは毛束をねじってセニングシザーズでカット。かたちを崩さずに、パーマで軽い動きが出る下地をつくる。

⑫ 表面はダウンステムでスライドカットを施し、毛量を減らす。

⑪ ドライ後、顔周りに縦スライスを取り、スライドカットで量感調整を行なう。アップステムにすることで、下のガイドはカットしないようにする。

スライドカットで 毛量を調整する

セニングを入れるネープ以外はスライドカットで重さのあるところを削り、全体のうねりを適度に残す。

ベースカット終了。全体にボリュームが減り、うねりが軽減されたことでパーマの下地が整った。

⑮ 表面は重さがあるところを中心にスライドカット。毛先を軽くしすぎないようにする。

⑭ バックのミドルは、アップステムでスライドカットを施す。

③

フロントのサイドは斜めに分け取り、17ミリで1.75回転の毛先巻きに。斜めにすることで上段とのなじみを良くする。また、ステムを下げて巻きボリュームを抑える。

POINT
—
アンダーはピンパーマを施術することで、上段となじみが良くなる。

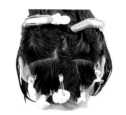

②

中央のピンパーマは、毛流に合わせて左向きにねじりを加えて巻く。

①

アンダーはバイアスにスライスを取り、ダウンステムでピンカールを施術。前方への緩やかな毛流れをつける。

POINT
—
ステムを使い分けることで、ボリュームをコントロールする。また、毛先巻きする際は、毛先を1点に集めて巻くことでまとまりが良くなる。

⑥

バックセンターは、縦スライスを取りサイドよりもステムを上げて、19ミリで1回転の中間巻きにした後、根元側へ1回転巻き上げる。

⑤

バックサイドは、17ミリで1回転の中間巻きにした後、根元側へ1回転巻き上げて、しっかりウエーブをつける。ここはダウンステムで巻き、ボリュームが出ないようにする。

④

耳後ろは三角スライスを取り、19ミリで2回転の毛先巻き。ステムを上げてボリュームを出す。

⑨

トップは23ミリで2回転の中間巻きを行なう。表面よりもステムを下げて、床と平行にする。

POINT
—
根元と表面は、根元が立ち上がるクセと、パーマのミックスによってウエーブをつくる。

⑧

表面はステムを上げ、23ミリで1.5回転の中間巻きにした後、根元側へ0.5回転巻き上げる。根元は巻かないことでクセを生かす。

⑦

顔周りは横スライスで床と平行に引き出し、23ミリのロングロッドで1回転の中間巻きにした後、スパイラル状に1回転巻き上げる。根元が立ち上げるクセを生かすため、根元は巻かない。

ロッド径

青：17ミリ、緑：19ミリ、オレンジ（ロング）：23ミリ、オレンジ：23ミリ

プロセス・レシピ

1液：アリミノ「コスメカール プリズムプラスH」
2液：アリミノ「コスメカール プリズムプラス アフターローション」
つけ巻きでワインディング。6分放置後、中間水洗。2液を塗布し5分5分の2度づけ。

DAISUKE [MAGNOLiA]

クセ

表面と顔周りは、根元が立ち上がるクセを生かしてゆるやかなウエーブを形成。ボリュームを抑えたアンダーとのメリハリが効いて、軽やかな印象のボブスタイルに。バックはリッジが強めのウエーブでフォルムに動きを出している。

hair design_DAISUKE [MAGNOLiA]
make-up_HINATA [MAGNOLiA]
photo_Seiji Takahashi [JOSEI MODE]

CASE. 2

波状のクセによって
表面に細かい毛が浮く

2つ目の事例は、波状のクセがあり、表面に細かい毛がフワフワと出てしまうケース。
まとまりにくい髪を、メリハリのあるパーマスタイルに仕上げるテクニックを紹介しよう。

現状分析

□硬さ	軟らかい
□太さ	細い
□量	多い
□カットベース	ワンレンベースのロング

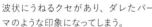

波状にうねるクセがあり、ダレたパーマのような印象になってしまう。

表面に髪が浮き出てしまうことで、フォルムが曖昧になり、パサパサした印象に。

クセを生かしたメリハリウエーブスタイルに

施術プラン

パーマ　　　　　　　　　　　　PERM

**中間〜毛先にリッジをつくり
フォルムをきれいに整える**

トップは中間から毛先にかけてしっかりとしたウエーブにして、ステムを上げて根元の立ち上がりをつくり、メリハリのあるパーマスタイルに。トップ以外はダウンステムでロッドを巻き、まとまりのあるフォルムに仕上げる。

+

カット　　　　　　　　　　　　CUT

**毛量を減らして
まとまりのある髪に**

毛量をカットで取り除き、パーマの下地をつくる。内側の髪をスライドカットで削り、表面と毛先は重さを取り過ぎないことが大事。顔周りはレイヤーカットを施して、デザインに表情を加える。

表面に毛が浮いて出るのは、波状のクセとボリュームの多さが原因。カットで適切に毛量調整を行ない、パーマでしっかりリッジを効かせれば、メリハリのあるスタイルに仕上がります。「神様がくれたウエーブ」を生かさない手はありません!

表面の髪をカットしたことで厚みが取れて、毛先に丸みが出た。

ドライ後、顔周りにレイヤーカットで段を入れる。前から見て厚みが出るようにカット。トップは真上にパネルを引き出して切る。内側の髪をカットしないため。

髪が自然に前に落ちるところでパネルを取り、毛先の角をカット。逆サイドも同様に行なったらウエットカットは終了。

頭を前に倒してバックのアウトラインを縦パネルでチェックし、はみ出る髪をカットする。

バックの上段は、両サイド、センターの3つにスライスを分けて、ストロークカットで中間～毛先の量感を減らしていく。

バックの上段は、両サイド、センターの3つにスライスを分けて、ストロークカットで中間から毛先の量感を減らしていく。

バックも上下2段に分けてカット。下段の中間から毛先をストロークカット。パネルを下げると毛先に軽さが出てしまうので、床と平行にスライスを取る。

顔周りは上下2段に分けてカットし、軽くしていく。下段は、中間～毛先の内側をストロークカット。軽くなり過ぎるとバサバサとした印象になるため、表面は残す。上段も同様にストロークカットを施す。

トップは27ミリで3回転の中間巻き。毛先がかかり過ぎないようにするため。同様の手順でトップに2本巻いてボリュームを出す。

アンダーは、3等分し23ミリのロッドで2回転の毛先巻き。

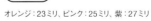

バックの表面はグリッド状にブロッキングして、25ミリで4回転の中間巻き。毛先に厚みを出す。

ボリュームを出したくないサイドは縦スライスを取り、27ミリで中間まで毛先巻き。表面に髪が浮かないようにする。

ロッド径

オレンジ：23ミリ、ピンク：25ミリ、紫：27ミリ

プロセス・レシピ

1液：アリミノ「コスメカール プリズムプラスM」
2液：アリミノ「コスメカール プリズムプラス アフターローション」
つけ巻きでワインディング。10分放置後、中間水洗。2液を塗布し5分5分の2度づけ。

表面に浮いて出る髪がなくなり、メリハリのあるウエーブヘアに仕上がった。

DAISUKE [MAGNOLiA]

根元側の立ち上がりをつくり、、中間〜毛先にパーマでしっかりと
毛束感をつくることで、すっきりした印象のAラインに。顔周りに
入れたレイヤーにパーマで動きをつけることで、表情に華やかさ
をプラス。

hair design_DAISUKE [MAGNOLiA]
make-up_HINATA [MAGNOLiA]
photo_Seiji Takahashi [JOSEI MODE]

DAISUKEさん流クセの見極め
きほんの き

濡らしてさわって確かめる

乾いた状態だけでなく、水で濡らしたときにク
セがどう変化するのか確認することが大事。
手でつまんで、指の腹の感触から硬さと太さ、
水分の含有量やダメージレベルを確かめた上
で、クセ対応のプランを決めよう。また、濡ら
すことでスタイリングを仕上げたときの状態も
イメージしやすい。

アプローチの実例をストックし、
サロンワークにリアルに活用！

髪のお悩み
レスキューファイル

私が
担当します！

HAIR
TROUBLE #04
RESCUE
FILE:

木村亜沙美
[K-two]

THEME

ダメージ

見た目悪化？ 手触り悪化？
各ケミカルダメージ攻略

第2章では、ダメージ毛への対処法を伝授。
「ダメージ」と一口に言っても、ヘアカラーによる「見た目悪化」なのか、
パーマによる「手触り悪化」なのかでは、立てるべき施術プランは異なる。
その見分け方から、ダメージ毛につきものの枝毛カットまで、トータルに学ぼう。

		木村亜沙美 [K-two]	及川なつみ [kakimoto arms]	DAISUKE [MAGNOLiA]
第1章	[クセ]	◯ FILE 01	◯ FILE 02	◯ FILE 03
第2章	[ダメージ]	NOW HERE! FILE 04	◯ FILE 05	◯ FILE 06
第3章	[ボリューム]	◯ FILE 07	◯ FILE 08	◯ FILE 09
第4章	[エイジング]	◯ FILE 10	◯ FILE 11	◯ FILE 12

ダメージヘアのバサバサ解消！
枝毛カットの方法

ダメージヘアが汚く見える理由の1つが、毛羽立っているようなバサバサの質感。
これをカットで解消するテクニック、「枝毛カット」を紹介しよう。

枝毛カットとは？

ヘアカラーやパーマを繰り返すことで毛先にダメージが蓄積し、さまざまな方向へバサバサと散ったり、髪が割けるいわゆる「枝毛」になってしまう。これがダメージヘアが汚く見える原因。「枝毛カット」はそんな状態になってしまった髪の毛先のみを切り落とすことで、髪表面を滑らかに見せるカット技術だ。

枝毛カット HOW TO

3	2	1
飛び出している毛先だけを細かくカットしていく。	パネルにテンションをかけて、パネル表面の毛先側に飛び出した傷んだ髪を確認。	ドライ状態で縦スライスを取り、パネルを引き出す。

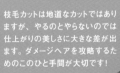
枝毛カットは地道なカットではありますが、やるのとやらないのでは仕上がりの美しさに大きな差が出ます。ダメージヘアを攻略するためのこのひと手間が大切です！

NG

根元〜中間に枝毛カットを施す

枝毛カットはあくまでダメージしている毛先だけを切り落とすカット技術。中間より上に入れてしまうと髪を不必要に短く切ることになり、質感悪化を招くので注意しよう。

横スライスを取る

横スライスでパネルを引き出して枝毛カットをすると、表面に短い髪ができてしまい余計バサバサとした質感になってしまうので、必ず縦スライスを取る。

VSヘアカラーダメージ
毛先や表面がパサついて見える

ブリーチ履歴のある髪は、髪の表面を中心にダメージが進みパサつくなど「見た目」が悪くなる。
また、褪色して黄みが出るとそれがより助長される。健康的で美しい見た目を取り戻す方法とは？

□硬さ	やや多い
□太さ	普通
□量	普通
□カットベース	肩下20センチの前上がりローレイヤーロング

ヘアカラー履歴

新生部は1センチ。根元～中間は9レベルで、8カ月前に入れたハイライトが残っている。また毛先5センチも8カ月前にグラデーション状にブリーチしており、現在は13～15レベル。

毛先のアウトラインの厚みがなく、ガタガタと不揃いなのも傷んで見える要因。

毛先のパサつきが目立つ。また褪色して黄みが出ているため、よりパサついた印象に。

ダメージの原因を確認❶
毛先を光に透かして明度をチェックしよう

髪の明度や根元・中間・毛先の明度差はダメージレベルや履歴を確認するのに必要な情報。髪を自然に下ろした状態だと正しく判断できないこともあるので、髪を持ち上げて光に透かしてチェックしよう。ブリーチ後に低明度のヘアカラー剤で染めていても、透け感やムラ感の違いでブリーチの有無を見抜ける。

滑らかさをカットで
ツヤをヘアカラーで取り戻す

ヘアカラー COLOR

褪色後の黄みを打ち消しツヤめくピンクブラウンでキレイ見せ

ハイライトや毛先のブリーチの黄みやムラ感が傷んだ印象を際立たせているので、それを打ち消すアッシュバイオレットを活用しながら、Beforeよりやや暗めの8レベルのピンクブラウンに。ツヤ感のある仕上がりを目指す。

+

カット CUT

長さを変えず傷んだ毛先だけカット滑らかなベースをつくる

不揃いなアウトラインを切り揃えて厚みを出したら、ベースカットの通りにレイヤーを入れ直すことで、長さを変えずに傷んだ毛先のみを切って整える。最後に枝毛カットを施し、滑らかなベースをつくっておく。

①をガイドにバックのアンダーをオンベースに引き出して毛先をカット。

前上がりのサイドは、①をガイドに前方に持ち上げて毛先をカット。

ドライ状態でスタート。まずアウトラインを整える。不揃いな毛先を切り揃え、厚みを出す。緩やかなラウンド状のアウトラインに。

毛先を美しく整え、枝毛カット

ベースカットに合わせて髪を持ち上げてレイヤーを入れ、傷んだ毛先をもれなく切って整える。最後に枝毛カットで滑らかな質感に。

枝毛カット

最後に全頭に枝毛カットを施す。

POINT

全頭に均一に入れるのではなく、髪を触って量が多いと思ったところに間引くように入れていく。表面には短い髪をつくりたくないので入れない。

中間～毛先にセニングを入れて、毛量を調整する。

オーバーは床と平行に引き出して毛先をカット。

CUT FINISH

傷んで見える原因だったパサつきは、毛先のカットや枝毛カットによって解消。カットだけでもかなり滑らかな質感になった。

カラーリングプロセス

水洗後、後処理剤Bを全頭に塗布。

最後に毛先にもAを塗布し、30分放置。

薬剤Aを根元～中間に塗布。

ツヤ感ヘアカラー 後処理でダメージ最小限に

ピンクブラウンに黄みを打ち消すアッシュバイオレットを混ぜて落ち着いたツヤを狙う。ダメージレベルが高いので、後処理も忘れずに。

レシピ

A：ヘアカラー全頭／ウエラ「イルミナカラー」
　　ヌード10：オーキッド8：コーラル8＝3：3：2＋6％
B：後処理／テクノエイト「オッジィオット」ベゼルCMCミスト

POINT

ハイダメージ毛へのカラーリングでは 色持ちアップ＆放置時間を短縮するための後処理を

今回選んだ後処理剤はキューティクル保護成分を配合しており、ヘアカラーの持ちをアップし手触りを良くしてくれるもの。また、髪内部まで成分を運ぶためのCMCを配合しているので「これ以上放置したくないけれど、薬剤はしっかり内部に浸透させたい」というときに最適。

ダメージ

ASAMI KIMURA [K-two]

毛先を中心にパサついた印象だったのが、自然に
まとまっている。また髪色は、女性らしい落ち着い
たピンクブラウンで根元〜毛先を均一に染め上
げることで思わず触りたくなるような滑らかでツ
ヤやかなロングヘアに。

hair design_Asami Kimura [K-two]
make-up_Ayami Iwasaki [K-two]
photo_Seiji Takahashi [JOSEI MODE]

VSパーマダメージ
毛先中心にゴワつきがあり手触りが悪い

パーマは髪の内部から栄養を流出させ、手触りを悪くすることが多い。そのため内部からしっかり栄養を補給する必要がある。
今回は最新機器の力も借りて、健康的な髪を取り戻す。

現状分析

□硬さ	軟らかい
□太さ	細い
□量	やや少ない
□カットベース	肩上3センチのローグラデーションボブ

中間～毛先を触ると固さとごわつきを感じる。

パーマ履歴

1カ月ほど前にパーマをかけている。毛先にカールが残っている状態。

パーマ履歴あり

ダメージの原因を確認❷
髪の表面を触ったり、手グシを通したりしてみよう

例えば今回のモデルのように髪が細くて軟らかい場合、一見ダメージがないように見えることもあるが、視診だけで済まさずに必ず髪を根元から毛先まで触診して確認しよう。パーマ履歴がある髪は、根元は滑らかなのに毛先が硬くごわついていることもあるので注意する。

美しいフォルムをつくり
内部にたっぷり栄養を補給

施術プラン

トリートメント
TREATMENT
—
**トリートメント成分を
しっかり内部に浸透させる
ためのひと工夫を**

CMCやPPTなどパーマによって内部から流出した成分を補給し、健康的な髪を取り戻す。しっかり内部に入れるため、トリートメントを塗布した後に「超音波アイロン」を使用して、成分を細かな粒子に変えて浸透させる。

＋

カット
CUT
—
**毛先を整え枝毛カット
美しいフォルムにかたちづくる**

「VSヘアカラーダメージ」と同様に不揃いな毛先のカットと枝毛のカットを行なう。また、ボブは美しいフォルムが髪をキレイに見せるポイントでもあるのでグラを入れ直し、メリハリフォルムを復活させる。

③ ネープをキレイに整えておくだけで見え方の美しさが変わるので見落とさないようにしよう。このままグラでトップまでつなげる。

② 手流れを確認しながらネープをカット。

① ネープのアウトラインが不揃いになっているのでカットで整える。

毛先を整えつつ ボブらしい美しいフォルムに

「VSヘアカラーダメージ」と同様、毛先だけを揃える程度にカット。特にボブは厚みと丸みが、髪を美しく見せるポイントになるので、カットでそれをつくる。

枝毛カット

⑦ 最後に全体に枝毛カットを施す。

⑥ 髪の厚みを取りすぎると汚く見えてしまうので、ときどきこのように毛先の厚みを取り過ぎていないかチェックしながら施術する。

⑤ ドライ後、表面以外の中間～毛先に間引くようにセニングを入れる。

④ トップは放射状にスライスを取り、パネルをオンベースに引き出して、グラの角をカットし、ボブの丸みを強調する。

CUT FINISH

はみ出していたネープの髪がきれいに整った。またウエイト位置が明確になり、丸みとツヤが出た。

傷んでいる毛先を中心にゆっくりアイロンスルー

⑥ 超音波アイロンをスルー

超音波アイロンを使用することで、トリートメント成分を細かな粒子に霧化し、髪内部への浸透力を高めてくれる。アイロンというと熱を持っていそうだが、超音波アイロンはまったく熱くならないのでその点も安心。内部成分が流出しやすいパーマダメージの補修に適した機器。

手順

① CMCで栄養成分が内部に浸透するための道をつくる

② 分子量の異なるケラチンでダメージホールを補強する

③ 毛髪の基・ナールスゲン等を補給し、髪のすき間を埋める

④ ポリフェノールで余分な水分を取り除き、補給した栄養を固めてすき間をつくる

⑤ 再度①を塗布し栄養を内部に行き渡らせながらダメージを補修する

（使用したトリートメント） ※全てテクノエイト「オッジィオット」

①⑤ ベゼルCMCミスト　② ブラッディコンプレックス
③ マルクスCMCミルキィ　④ ハイドロップポリフェ

トリートメントを塗布したら 超音波アイロンで 内部に浸透吸着

パーマによって髪内部の栄養が流出しているので、トリートメントを塗布したらその成分をしっかりと内側に補給。超音波アイロンでそれを促進する。

ASAMI KIMURA [K-two]

ダメージ

髪を触ったときのゴワつきや硬さが軽減され、ボブの丸いフォルムに沿ってみずみずしくまとまる美しい髪に。若干トーンダウンしたように見えるのは、髪内部に栄養がしっかり補給されて透けなくなったから。

hair design_Asami Kimura [K-two]
make-up_Ayami Iwasaki [K-two]
photo_Seiji Takahashi [JOSEI MODE]

木村さん流ダメージ診断
きほんの き

触診はとても大切!

カウンセリングのとき、お客さまからヘアカラーやパーマなどの履歴を聞くのはもちろんだが、どんな髪の質感になっているのか各セクションの根元から毛先まで実際に自分の手で触って確認することが大事。それが毛髪データとして蓄積され、今後の毛髪診断にも生かすことができる。

アプローチの実例をストックし、
サロンワークにリアルに活用！

髪のお悩み
レスキューファイル

私が
担当します！

及川なつみ
[kakimoto arms]

THEME

ダメージ

ダメージによるパサつき＆色ムラ
どう解消する？

FILE 05 ではダメージヘアにありがちなパサつきや、複雑な履歴による色ムラの整え方について解説。
カットやヘアカラー施術でお悩みを解消するのはもちろんのこと、
前処理など、髪をケアする工程を加えるのも重要なポイントだ。

	木村亜沙美 [K-two]	及川なつみ [kakimoto arms]	DAISUKE [MAGNOLiA]
第1章 [クセ]	◯ FILE 01	◯ FILE 02	◯ FILE 03
第2章 [ダメージ]	◯ FILE 04	NOW HERE! FILE 05	◯ FILE 06
第3章 [ボリューム]	◯ FILE 07	◯ FILE 08	◯ FILE 09
第4章 [エイジング]	◯ FILE 10	◯ FILE 11	◯ FILE 12

はじめに

ダメージ毛へのアプローチ、ココをおさえよう！

最初に、髪のダメージに悩むお客さまへの施術の際、おさえておきたいポイントを整理しよう。
ダメージヘアへの対策を万全にできれば、提案できるデザインの幅も広がるはず。

カット

ダメージヘアに多いお悩み

特に毛先がまとまりにくく、スタイリングに手間がかかる。
また、傷んだ髪は広がりやすいので、ヘアスタイルがもたついてメリハリがなくなってしまう。

髪がまとまらない原因は…？

毛髪のタンパク質が失われると、髪のやわらかさが損なわれ、まるでホウキのように広がってしまう。おまけに、切れ毛が多いとブローしたり、アイロンを使ったりして熱を通さないとツヤが出ないため、スタイリングに時間がかかりがち。

パサつきが気になる髪への対策

毛量調整は内側を中心に行なうのがポイント。表面に軽さを加えると、さらにまとまりづらくなってしまうので注意。イングラ気味にカットするなど、重さを残しながら切り、その重なりによって広がりや膨らみをおさえ込む。

広がり&もたつきの解消はベースカットで！

ダメージヘアはパサついて広がったり、膨らんだりしがち。ただし、削ぎを入れ過ぎると、さらにまとまりづらくなってきれいなフォルムに仕上がらないため、できるだけベースカットの段階で無駄な重さやもたつきを取り除いておくことが重要。

ヘアカラー

寒色に寄せ過ぎない

寒色系カラーは、暖色系に比べてドライに見えるため、ブラウンを残した色みに設定することでパサついて見えるのを防ぐ。

明度差のつけすぎに注意！

ハイライトやグラデーションカラーを施すときは、明度のコントラストが高くならないようにする。明度差を抑えた方が滑らかに見え、パサついて見えにくい。

ダメージを目立たせないひと工夫が大切

髪が傷んでいると、ヘアカラーの色持ちが悪くなるだけでなく、カラーリングの繰り返しによって、さらなるダメージにつながってしまうことも。髪をケアするための処理剤を活用するだけでなく、髪への負担が少ないアプローチに変更したり、傷んでいるように見せない色みをチョイスしたりするなど、さまざまな工夫を。

暖色系はアルカリカラー後の酸性カラーが◎

ハイダメージになるほどヘアカラーの発色が悪くなるため、特に暖色系はアルカリカラーの施術後に酸性カラーを重ねることで発色が良くなる。また、ダメージでコシがなくなった髪にハリが増す効果も。

ブリーチ施術後は低アルカリカラーを使用

ダブルプロセスでブリーチ施術後にカラーリングする場合は、必ず低アルカリの薬剤を使う。ダメージ部分に対するアルカリの負担はかなり大きいので注意。

ブリーチ履歴があり、パサついてまとまりづらい

毎日のスタイリングに時間がかかってしまう上に、カラーリングをしても色持ちが悪いなど、ダメージヘアにはさまざまな悩みがつきもの。
カット、ヘアケア、ヘアカラーでこれらのストレスを解消するアプローチを紹介。

□硬さ	硬い
□太さ	やや太い
□量	やや多い
□カットベース	前下がりのボブスタイル

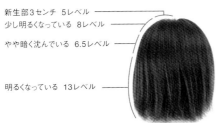

新生部3センチ 5レベル
少し明るくなっている 8レベル
やや暗く沈んでいる 6.5レベル
明るくなっている 13レベル

新生部3センチを除いてブリーチ履歴があり、特に毛先のダメージが目立つ。ヘアカラーが褪色し、明るい部分と沈んでいる部分の明度差ができ、ムラになっている。

水分がなく、パサつきが見られる。硬い手触りで、広がりやすくなっている。バック内側の毛量が多く、表面とサイドはダメージによる切れ毛で軽くなっており、まとまりづらい。

① 襟足はレザーを上下に大きく動かして厚みを取りつつ、狙うレングスよりも短めに切る。シザーズでも良いが、ここはライン感が必要なく、スピーディに切るためにレザーを選択。

② バックポイントの下付近からアウトラインをつくる。ブラントカットにするとライン感が強く出過ぎるため、細かめのチョップカットでなじませる。

③ ゴールデンポイントまではイングラ気味にカット。パネルを重ねるにつれて少しずつ長さを残すことで、パサつきによってフォルムが広がってしまうのを抑える。

⑧ ドライカット。アンダーとミドルは根元付近からスライドカットを施す。フォルムの丸みはキープしつつ、膨らみを抑えてコンパクトなフォルムに。

NG パネルをリフトアップして切ると、グラデーションが入って襟足のもたつきが目立ってしまう。スリークな質感を目指すため、パネルは下げてカットする。

⑤ バックのオーバーセクションと表面はパネルをリフトダウンし、頭の丸みに沿わせるようにカット。

④ サイドからバックまでを平行ラインに切ると、バックが重くなりやすい。サイドは前下がりにカットし、フォルムのもたつきを解消。

NATSUMI OIKAWA [kakimoto arms]

ダメージ

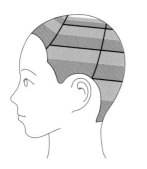
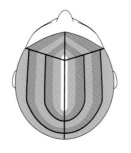

フォルム
コントロールのコツ
—

フォルムの丸みを残したいときは赤い部分を中心に削り、厚みを取りたいときは青い部分を中心に毛量を減らす。こうすることで、目的に合わせた毛量調整ができる。

⑦

オーバーセクションは、根元にスライドカットを施すと立ち上がりがついて膨らみやすくなるため、中間〜毛先を中心に施術し、フォルムのもたつきを解消。

②

①

ヘアカラープロセス

前処理
—

ダメージをケアしつつ、ヘアカラーの発色や持ちを良くするために前処理を行なう。処理剤は、ムラにならないよう均一につけるのがコツ。

インナーCMC（ミルボン「インフェノム トリートメント」インナーCMC）でうるおいを与え、ヘアカラー剤の吸着を良くする。その後、ドライ。

ヘアカラー剤の効果を最大限に引き出すため、カラーリングする部分（根元3センチ以外）に酵素（ディ・ウイング「ネオーラCUシストリー」）をスプレーする。

カラーリング

④

③

② ①

最後に全体をコーミングしながら薬剤を伸ばしてなじませる。ダメージ部分はムラになりやすいため、塗布量を多めにする。

やや暗く沈んでいる部分に薬剤を塗布。

新生部3センチを外し、根元側に薬剤を塗布。新生部〜カラーリング部分が自然につながるよう、同じ薬剤を使って時間差で塗り分ける。

ブリーチ履歴があり、明度が最も高くなっている中間〜毛先に薬剤を塗布する。薬剤が毛髪内部に入り込むのに少し時間がかかるため、5分程度放置。

POINT
—

カット ｜ **広がりを抑えつつ、軽くする部分を見極める**

パサつきが目立つ毛先をカット。軽さを加えると髪が広がってしまうため、イングラ気味に切ることで毛先の膨らみを抑える。セニングシザーズは使用せず、頭の丸みに合わせて、軽さを加えるゾーンを決めてスライドカットを施す。

ヘアカラー ｜ **入念な前処理 & 時間差塗布で色ムラを解消**

前処理を念入りに行なってダメージ部分をケアしつつ、ヘアカラーの発色と色持ちのアップを狙う。カラーリングは1種類の薬剤を時間差で塗布し、ティントの入り方をコントロール。自然なグラデーションに仕上げ、気になるムラを解消。

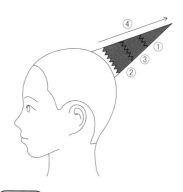

④ ① ③ ②

（レシピ）
ホーユー「プロマスターEX」N-7p：B-8p＝1：2＋2%

滑らかなぱっつんボブのデザイン。大きく段差をつけないことで、ダメージによる毛先の広がりをセーブ。サイドはやや前下がりにカットして抜け感を出した。ヘアカラーは暖色系ブラウンをチョイスし、パサついて見えるの防ぎつつ、色持ちアップを狙う。

hair design_Natsumi Oikawa [kakimoto arms]
hair color & make-up_ Tomoyo Nishino [kakimoto arms]
photo_Seiji Takahashi [JOSEI MODE]

切れ毛 & トーンアップとトーンダウンの 繰り返しによる色ムラが目立つ

レングスが長くなれば、ヘアカラーやアイロン使用などの繰り返しでダメージも蓄積してしまう。
切れ毛が目立つ毛先に厚みを出しつつ、褪色して色ムラができてしまった部分をなじませて、きれいなロングヘアを目指す。

□硬さ	軟らかい
□太さ	やや細い
□量	やや多い
□カットベース	やや前上がりのワンレングス。前髪が伸びて重心が下がっている。

CHECK!

トーンダウンやハイトーンカラーを繰り返しており、履歴を正確に判断しづらい状態。特に、中間の明度が下がっている部分は、残留ティントの影響で充分に明度が上がらないことが予想されるため、ハイライトにはブリーチを使用する。

- ⑦ 新生部2センチ
- ⑦ 明度15〜17レベル
- ⑦ 明度7〜8レベル
- ⑦ 明度17〜18レベル
- ⑦ 明度16レベル

新生部は2センチ程度。ブリーチによるハイライトの履歴があり、ダメージが目立つ。また、ハイライトが中間から入っているため、根元が伸びているように見える。2年程前に黒染めをしており、中間部分にティントが残留して沈んでいる。

④ 前髪はグラデーションカットした後、パネルを引き上げてレイヤーを入れる。こうすることで程よい厚みを残しつつ、ふんわりとした動きをつくることができる。

③ バックトップのレイヤーとミドルをつなげる。パネルを緩めにシェープし、ラウンドするようにつなげる。その後、ミドルとアンダーもつなげる。

② フロントのハチ上はスライスを放射状に取り、レイヤーを入れる。パネルを持ち上げてレイヤーを入れ直すことになり、①とは段の入り方が変わるので、厚みと立体感が出る。

① 全体のレングスをカットした後、イヤーツーイヤーとこめかみの間にレイヤーを入れる。バックはゴールデンポイントまで分け取り、前上がりのレイヤーを入れる。

POINT

フォルムを整えて まとまりやすく

毛先に切れ毛が多いため、毛先に厚みを出してフォルムをしっかりとつくることで、まとまりやすく。ハチ上にはレイヤーを入れ、シルエットが広がらないように。軽さはレイヤーで出し、毛量調整は最小限に抑える。

⑥ ドライカット。厚みを残したアンダーを中心に、毛先にスライドカットを施す。動きと束感を出しつつも、まとまりやすく仕上がる。

⑤ サイドは、オーバーセクションのレイヤーに合わせて内側にもレイヤーを入れる。厚みを残したバックに対し、顔周りは軽さを出してメリハリをつける。

全体をトーンダウンし、色ムラを補整 | STEP 1

明度が上がっている根元側（イ）に薬剤Aを塗布。明度を落ち着かせたい部分まで薬剤を伸ばし、5分放置する。

暗くなっている中間部分を空けて毛先側（エ）に薬剤Aを施術。その後、根元（ウ）に薬剤Aを塗り、5分放置する。

暗くなっている中間（ウ）と毛先（オ）に薬剤Bを塗布し、3分放置後、水洗。

レシピ

Ⓐ明るくなっている部分／ミルボン「オルディーブ」7-ffG/H：7-CB/H＝3：1＋3%
Ⓑ暗くなっている部分／ミルボン「オルディーブ」9-CB/H＋3%

CHECK!

ブリーチ施術による髪へのダメージを最小限に抑えるため、デザインが見えやすいオーバーセクションとサイドのみに施術。ブリーチ履歴がある部分が多く、ブリーチ剤をダイレクトにのせると、さらなるダメージのリスクがあるため、最初にワンメイク施術をした。

根元からハイライトを入れてリタッチ | STEP 2

フロント、サイド（左右の内側、表面）、バックトップ（左右）の7つにブロッキング。

バックは、段差が変わる位置（カットプロセス1でバックに段を入れた高さまで）まで施術。それより下側にはハイライトを入れない。

幅3ミリ、深さ3ミリ、間隔7ミリのウイービングで薬剤Cを根元から塗布し、ハイライトを施す。

つむじなど、髪が割れやすい部分はチップを外してウイービングすると、自然に仕上がる。

顔周りの第1線は、生え際のカーブに合わせてスライスを取る。チップの間隔を5ミリにし、華やかさを演出。塗布後40分放置し水洗。16レベルまで明度を上げる。

レシピ

Ⓒハイライト／ロレアル プロフェッショナル「プラチニアムプラス」＋6%（2倍）

色みをかぶせてなじませる | STEP 3

STEP 2でハイライトを施術した部分にのみカラーリングする。新生部に薬剤Dを塗布し、その後、ムラになっている部分の手前まで薬剤を伸ばす。

バックはティントが残りやすいため、オレンジっぽくなっている部分に薬剤を塗布。彩度の高い薬剤を使用することで、オレンジっぽさを抑える。塗布後、10分放置する。

シャンプー台で、毛先に薬剤Dをもみ込む。

薬剤がついている部分に酵素（ディ・ウイング「ネオーラCUフラッシュ」）をスプレー。アルカリを除去し、髪への負担を軽減する。5分放置後、水洗。

POINT
一

施術はできるだけミニマムに。ブリーチケアは必須。

色ムラ部分の明度差が大きい場合は、まず全体をトーンダウンし、コントラストをなじませる。ハイライトと、その後にかぶせるベースはオーバーとサイドのみに施術し、髪へのダメージを最小限に。ハイライトはブリーチを使うので、ブリーチケアは必ず行なう。

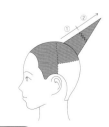

レシピ

Ⓓベース／ホーユー「プロマスターEX」N-9p：A-8p＝1：1＋2%

薬剤をつけた部分にのみボンド施術をし、ブリーチヘアをケア（ロレアル プロフェッショナル「スマートボンド」）。10分放置後、水洗。

顔周りに揺らぐ毛束を配した、重めのロングヘア。バックには重さを
残しつつ、顔周りと表面に軽さを加え、立体感とまとまりやすさを両立。
グラデーションベースのヘアカラーにハイライトをブレンドし、色ムラ
を自然になじませた。

hair design_Natsumi Oikawa [kakimoto arms]
hair color_ Tomoyo Nishino [kakimoto arms]
make-up_Sakura Itoyama [kakimoto arms]
photo_Seiji Takahashi [JOSEI MODE]

及川さん流ダメージ対策
くふうの提案

「きれいに伸ばす」方法も考えよう

髪のダメージが気になる場合、傷んだ部分をカッ
トしても良いのか、それとも今後伸ばしていきた
いのかで、アプローチも変わる。毛先を少し整え
たり、段の入れ方を変えたり、髪色を落ち着かせ
たり……少し手を入れるだけでも格段に扱いや
すくなるので、髪をきれいに伸ばしていくために、
どんな提案ができるのかを考えておくことも大切。

アプローチの実例をストックし、
サロンワークにリアルに活用！

髪のお悩み
レスキューファイル

私が
担当します！

HAIR
TROUBLE
RESCUE
FILE: #**06** | DAISUKE [MAGNOLiA]

THEME
ダメージ

ダメージがある髪でも
パーマデザインをあきらめない

サロンでの施術で、そして毎日の生活で、髪はさまざまなダメージを被っている。
「だから、私にはこんなデザインは無理……」、いや、それではあまりに悲しい。
ダメージ毛にパーマをかける術を覚えて、あきらめていたスタイルを実現する術、ここに伝授！

		木村亜沙美 [K-two]	及川なつみ [kakimoto arms]	DAISUKE [MAGNOLiA]
第1章	[クセ]	◯ FILE 01	◯ FILE 02	◯ FILE 03
第2章	[ダメージ]	◯ FILE 04	◯ FILE 05	(NOW HERE!) FILE 06
第3章	[ボリューム]	◯ FILE 07	◯ FILE 08	◯ FILE 09
第4章	[エイジング]	◯ FILE 10	◯ FILE 11	◯ FILE 12

ダメージ毛にだって
パーマはかけられる！

はじめに

たとえダメージヘアだって、ヘアスタイルを妥協したくない！
これがお客さまの本音。だから、全力でかなえよう。パーマだって、あきらめるにはまだ早いのだ。

薬剤が染み込みやすく、過剰反応してしまう状態

←

薬剤施術における「ダメージ大」とは？

ダメージ毛の定義やその性質にはさまざまなものがあるが、パーマやヘアカラーなどのケミカル施術において注目すべきは、「薬剤が毛髪に浸透しすぎる」という状態。つまり、薬剤の浸透度をコントロールできれば、ダメージ毛にもパーマをかけられる。

だから

3つの基本を大切にしよう

施術のしかた

ダメージを避けつつ、効率よくパーマをかけるためには、処理剤や薬剤選びだけでなく、カットやワインディングにも大切なポイントがある。

カット／ワインディングのポイント

- ■カットの段階で、全体に厚みを残すようにする
- ■ワインディングは、中間巻きをメインに構成する
- ■テンションをかけずに巻く

処理剤と薬剤の選択のコツ

ダメージの種類を考慮する。

- ■アイロン熱のダメージ→主に1剤を、ダメージの少ないものにする
- ■カラー（過水による）ダメージ→中間処理を重視する
- ■複合ダメージ→アルカリ度（髪を膨潤させる力、pHとは別）の低いものを選ぶ

薬剤＆処理剤の使い方

ダメージを軽減するためには、処理剤選びが重要。しかし、処理剤はあくまでサポートであり、頼りすぎると施術を邪魔してしまう。まずは、処理剤の使いどころとその目的を覚えたい。

前処理の役割

水分バランスを整え、薬剤の作用を調整する

中間処理の役割

残留アルカリを除去して、前工程の反応を止める

後処理の役割

毛髪や頭皮から薬剤を取り除き、抗酸化を促す

毛髪診断のポイント

何よりも大切なのは、お客さまのダメージの程度や種類、そして髪質を知ること。カウンセリングの際は、以下の3項目を中心にチェックし、適切な施術プランを考えよう。

乾いた状態で、施術の履歴を聞くとともに、パサつきや指通りをみてダメージを確認。

ウエット状態で毛束を持ち、ピンと張るかどうかで柔軟性を確認。

ウエット状態で毛束を押し込んで丸め、弾力性を確認。

アイロンの熱によるダメージ

度重なるアイロンスタイリングの熱は、実はパーマ以上に髪にダメージを与えていることもしばしば。
そんなお客さまに勧めたいコールドパーマのプロセスを紹介する。

ダメージ

DAISUKE [MAGNOLiA]

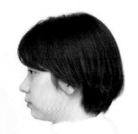
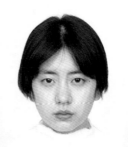

現状分析

□硬さ	硬め
□太さ	ふつう
□量	やや多い
□カットベース	ショートレングスのグラオンレイヤー

お客さまに質問し、毎日アイロンを使用していること、中間から毛先にブリーチ履歴があり、ヘアカラーによるダメージも若干あることがわかった。また、特に襟足の髪が硬く、密度が高い。

毛束を手に取って、ダメージの状態をチェック。手触りや透け具合から、アイロンの過熱により髪内部のCMCの流出、キューティクル間の18MEAの遊離、さらにタンパク変性が起こっていると推測。

施術プラン

PERM パーマ2（デザイン）

中間巻きとピンパーマでレングスを生かしたデザインに

ダメージを考慮し、全体に中間巻きでワインディング。特に硬さのある襟足はピンパーマで首筋に沿うようにつくり、ショートレングスならではのフォルムを生かすヘアデザインに。特にデザインとして見せたいネープと表面を先に巻く。

➕

PERM パーマ1（薬剤選び）

CMCを補い時間をかけて施術

前処理で、髪本来のものに近いCMCとコルテックスを補う。また、カラーダメージもあるので、低アルカリの薬剤を使いたい。さらに、タンパク変性によって薬剤の浸透が悪いので、時間をかけて施術する必要がある。

カットプロセス

パーマのかけやすさを重視してかたちづくる

全体に、厚みをとりすぎない程度に、カットで軽さを出す。毛先の収まりを意識して、ワインディングしやすくする。

④ 全体の毛先2センチに、細かくスライドカットを入れて、巻いたときに毛先にリッジがつきやすくなる。

③ ドライカット。アンダーとオーバーのグラデーションのカットラインを整える。髪が硬めなので、チョップカットに。

② ①の髪をめくりながら中間〜毛先にセニングを入れて軽さをつくる。

① アンダーセクションを分けとる。毛量が多く、膨らんでいるのがわかる。

髪全体に120度に設定したスチームを2分あて、処理剤や薬剤を浸透しやすくする。

CMCとコルテックスを補う泡状の処理剤を使って前処理。特にダメージの大きい中間〜毛先にのみつける。

> **POINT**
>
> 全体的に髪が硬く、薬剤が浸透しにくい髪質なので、薬剤の浸透を妨害しないよう、処理剤をつけるのは、ダメージが激しい部分(中間〜毛先)のみにする。

襟足はピンパーマで、毛流に沿って収める。アンダーは、丸みを出しつつも膨らみを抑えるため、毛先から1.75回転の内巻き。

ダメージが目立つ表面は、パネルごとに毛先にCMCを補う。パート付近では、くっきり分かれないよう、パートをまたぐようにパネルを引き出して処理剤をつけてから巻く。

> **POINT**
>
> 前処理剤をつけすぎてしまうと、パーマのかかりが悪くなってしまう。部分的(毛先)にハイダメージがある場合は、パネルを巻く直前にさらに処理剤をつけるようにする。

表面は放射状にパネルをとり、中間巻き。ハチ付近は動きを出すために、ロングロッドでスパイラルに(写真)。バックは根元まで巻き収める。

顔周りもCMCを補ってから、パネルをダウンシステムに引き出し、毛先からフォワード方向に1.75回転巻く。

前髪の表面はステムをやや上げ、中間巻きで毛先を保護。内側はハリがあるので、ステムはやや下げて毛先巻きし、自然な丸みをつける。

残しておいた「つなぎ」のミドルセクションを巻く。ステムをやや下げた毛先巻きと、ステムが床に対して平行な毛先巻きを組み合わせる。

水洗した後に炭酸で中間処理。残留アルカリを除去し、pHを下げてくれる。その後、バッファー剤を塗布。

中間水洗・処理後も、弱めの還元は続いているので、その状態を利用してクリープを行なう。8分ほど加温し、クリープを促進してから2剤をつける。

ロッド径

ライトオレンジ:13ミリ、緑:19ミリ、黄緑:21ミリ、オレンジ:23ミリ、ピンク25ミリ

プロセス・レシピ

1液:アリミノ「コスメカール プリズムプラスH」
2液:アリミノ「コスメカール プリズムプラス アフターローション」
つけ巻きでワインディング。6分放置後、中間水洗。8分加温してクリープした後、2液を塗布(5分5分の2度づけ)。

ダメージ

DAISUKE [MAGNOLiA]

中間巻き中心の表面とピンパーマの襟足のコント
ラストで、シルエット全体に自然な丸みが出て、
毛先が収まるように仕上がった。表面のダメージ
も目立たなくなっている。

hair design_DAISUKE [MAGNOLiA]
make-up_HINATA [MAGNOLiA]
photo_Seiji Takahashi [JOSEI MODE]

ヘアカラーによるダメージ

多くの女性が悩む、ヘアカラーによるダメージ。
そんな髪をよりきれいに見せ、扱いやすくするために、パーマを利用してみよう。

□硬さ	軟らかい
□太さ	細い
□量	やや少ない
□カットベース	ワンレングスに近いミディアムスタイル

ぬらして弾力を確認すると、ハリがないことが分かる。ヘアカラーの繰り返しによる過酸化水素の影響で毛髪内部にシステイン酸が増え、パーマがかかる部分が少なくなっている可能性がある。

毛量が少なく、軟毛なので、ボリュームが出ない。ヘアカラーを繰り返しており、特に中間〜毛先にかけてカサついた手触りがある。

施術プラン

PERM パーマ2（デザイン）
ボリューム感を意識したワインディングを

第1にボリュームが欲しいので、全体的にステムを上げ気味でワインディング。エアウェーブを使って、クリープ＆ガラス化で髪にしっかりとしたハリをがあるように見せたい。

＋

PERM パーマ1（薬剤選び）
低アルカリかつ還元値の高い薬剤を

ダメージを軽減するために低アルカリの薬剤を選択。かつ、パーマのかかりが悪そうなので、還元値の高い薬剤を選ぶ。また、中間水洗と中間処理をしっかり行ない、残留アルカリを確実に除去したい。

カットプロセス

スライドカットでボリューム感を

ウエットで厚みのあるカットベースにつくった後、ドライカット。全頭にスライドカットで、ふんわりと自然なボリュームと動きをつくっておく。

表面は、ハチ上全体を持ち逆サイドにパネルを引き出して、毛先のみスライドカット。面を傷つけないようにズレ感をつくる。

顔周りは、パネルをリフトアップしてスライドカット。アウトラインを傷つけないように注意しながら、軽さを出していく。

POINT

根元から塗布し、流さずにそのまま施術に入る。

顔周り内側は、中間からリバース方向に2回転巻きでハリを演出。その後ろはロングロッドでややステムを上げ、同様に巻く。

ネープは左右3パネルに分ける。毛先から2回転巻き、アウトラインにしっかり動きを出す。

シャンプー台で前処理。全頭にケラチン(強度アップ)、ペリセア(保湿)、セラミド(薬剤の導入補助)をつけていく。

POINT

バックはフロントよりステムを上げてワインディングすることで、よりボリュームを強調し、シルエットを美しくする。

前髪は、毛流れと逆方向に引き出してカットラインをそろえ、毛先巻き1.5回転。

バック表面は顔まわり同様にステムを上げて中間巻き2回転。さらに半回転巻き上げて、よりボリュームを出す。

顔周り外側はロッド径を上げ、ややステムを上げて、ボリュームアップしつつ、ほつれたようなカールの仕上がりを狙う。中間巻きで2回転。

POINT

ヘアカラーによるダメージ毛には、毛髪内部にもともとある水分(=タンパク質結合水)が少なくなっているので、それを補う専用の処理剤が有効。

ロッドにチューブをつけて、クリープ&ガラス化。しっかりとハリを出す。

レブリン酸を塗布し、毛髪内部のタンパク質結合水を補う。

中間水洗。温水で、念入りに薬剤を落とす。さらに、前処理で使用した処理剤一式を、もう1度全体に塗布してなじませる。

(ロッド径)

緑:17ミリ、オレンジ:23ミリ、ピンク:26ミリ、エメラルドグリーン:29ミリ

(プロセス・レシピ)

1液:アリミノ「コスメカール プリズムプラスM」
2液:アリミノ「コスメカール プリズムプラス アフターローション」
つけ巻きでワインディング。12分放置後、中間水洗。クリープ5分ガラス化13分。ブロム酸系の2液を塗布(5分5分の2度づけ)。

全体にボリュームが出て、ふんわりフォルムのパーマスタイルが完成。
処理剤で補った成分と、還元力の強い薬剤と、クリープ＆ガラス化
の組み合わせで、ハリのある健康的なパーマヘアが実現。

hair design_DAISUKE [MAGNOLiA]
make-up_HINATA [MAGNOLiA]
photo_Seiji Takahashi [JOSEI MODE]

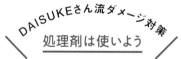

DAISUKEさん流ダメージ対策
処理剤は使おう

今、髪に1番足りないものは？

例えば、水分が足りないようなら、タンパク質
結合水を、ハリが無いようなら、CMCやコル
テックスを、など、補うべき成分の見極めが大
事。しかし「ダメージ回避！」とやたら処理剤を
塗布するのは、施術の妨げになることもある
ので注意。

アプローチの実例をストックし、
サロンワークにリアルに活用！

髪のお悩み
レスキューファイル

私が
担当します！

HAIR
TROUBLE
RESCUE
FILE: **#07**

木村亜沙美
[K-two]

THEME

ボリューム

毛量のお悩み解消は、
"見た目"の変化もキモ！

第3章で取り上げるのは「ボリューム」。
お客さまからボリュームについての悩みを打ち明けられたとき、
量そのものを操作することだけで応えてはいないだろうか。
見た目でボリュームアップ／ダウンさせることも重要な解決の糸口になることをお忘れなく。

		木村亜沙美 [K-two]		及川なつみ [kakimoto arms]		DAISUKE [MAGNOLiA]
第1章	[クセ]	◯ FILE 01	…………	◯ FILE 02	…………	◯ FILE 03
第2章	[ダメージ]	◯ FILE 04	…………	◯ FILE 05	…………	◯ FILE 06
第3章	[ボリューム]	NOW HERE! FILE 07	…………	◯ FILE 08	…………	◯ FILE 09
第4章	[エイジング]	◯ FILE 10	…………	◯ FILE 11	…………	◯ FILE 12

特に！ 髪のボリュームに関するお悩みの解決は カウンセリングが超重要

カウンセリングは施術の方向性を決める大切なステップ。
とりわけ、「ボリューム」のお悩みを持つお客さまには、いつもより念入りなカウンセリングが欠かせないと話す木村さん。その理由とは？

こんなこと、してない？

量をしっかり減らして、
ボリュームダウンさせました！

何だか
イメージと違う……

では、ボリュームが
出ないようにカットしますね！

髪にボリュームが
出て悩んでいます

失客　←

美容師　　　　　お客さま　　　　　　　　　　　　美容師　　　　　お客さま

お客さまが悩んでいるのは、「毛量」そのもの？ それとも「見た目」？

ボリュームのお悩みは主に、①「毛量」が多い／少ないため、髪が扱いづらい ②膨らんで見えたり、ペタンコに見えたりと「見た目」が気に入らない、の2つ。もちろん、両方の場合もあるし、セクションごとに違うかもしれない。この分析ができていないまま施術に移ると、的外れな仕上がりになってしまい、お客さまの信頼感を損なうことに。また、ボリュームコントロールは、フォルムに大きな影響を与えるため、「お悩み解決」の視点に加えてお客さまの好みやライフスタイルに寄り添った提案であることも不可欠。だから最初に、より多くの情報を引き出しておくことが、このお悩みを攻略する最重要ステップなのだ。

WHERE

どこのボリュームが気になる？

「トップにはボリュームが欲しいけれど、アウトラインはすっきりと」など、セクションによって、ボリュームの必要／不要が異なる場合があるため、すり合わせをしておく。

WHICH

動きのあるスタイルにしたい？
したくない？

動きを出してふんわり見せたいのか、それとも面構成でしっとりした仕上がりにしたいのかでつくるスタイルが全く異なる。動きを出したい場合、カットやパーマだけでなくヘアカラーで"立体的に見せる"手段もある。提案のバリエーションはたくさん持っておこう。

WHY

なぜボリュームを○○したいの？

最初にしたいのがこの質問。ここで、「毛量」そのものの扱いに困っているのか、「見た目」が気に入らないのか、そのどちらもなのかを確認し、施術の方向性を決めよう。

WHEN

どんなときに「ボリュームが多い
／少ない」と感じる？

どんなシーンで髪のボリュームに違和感を感じるのか知ることで、そのお客さまの生活によりフィットした解決方法を見つけ出すことができる。

カウンセリングで聞きたい4W

Q. たくさん質問すると、
お客さまに「しつこい！」と
思われそう……。

A. 「たくさん質問する理由」を
先に説明しておこう！

例えば新規客には、「より喜んでいただける髪型をつくりたいので、お客さまのことをぜひ教えてください！」と言ってみたり、既存客には、これからどんなヘアにしていくかプランを立てる延長上で確認したり。ベストなヘアを提案するには欠かせないプロセスであることを伝えた上で質問すれば、お客さまも快く答えてくれるはずです。（木村）

毛量が多いけれど、
すき過ぎて毛先だけ薄い

毛量が多いからといって必要以上にすき続けると、毛先は薄く根元付近には毛量がたまるアンバランスな状態に。
まずはそれを美しく整えた上で、ボリューミーな見た目を解消していこう。

ボリューム

ASAMI KIMURA [K-two]

現状分析

□ 硬さ	普通
□ 太さ	普通
□ 量	多い
□ カット ベース	鎖骨レングスのワンレンボブ

サロンへ行く度にセニングでしっかり毛量を取ってきた結果、毛先が薄くなっている。逆に根元付近には毛量がたまり、厚みがある。薄い毛先との厚みのコントラストがあるため、オーバーが余計に重たく見えてしまっている。

根元は毛量がたまり、厚みがある状態

セニング施術の繰り返しで、毛先はスカスカ

施術プラン

COLOR

ヘアカラー

**最小限のハイライトで
立体感をつけて軽やかに**

明度の低いワントーンのヘアカラーだと重たい印象に見えるので、ハイライトを入れて立体感を出し、ワンレンでも軽やかに。ベースとの明度差を抑え、見える部分にだけハイライトを入れて、最小限で最大の効果を目指す。

＋

CUT

カット

**顔周りに前上がりレイヤーを入れて
明るく軽やかな印象に**

薄くなっている毛先をワンレンでカット。厚みを出して根元との厚みの差を縮めてバランスを取り、髪を伸ばしやすい状態に整える。顔周りには前上がりにレイヤーを入れることで明るく軽やかな雰囲気にする。

←

お客さまの希望

■ ボリューミーな印象を払拭したい

■ これから髪を伸ばしていきたい

■ ヘアデザインは
　ナチュラルなものが好き

カットプロセス

フロントサイドを前方に引き出し、前上がりのレイヤーを入れて、顔周りを明るく軽やかな印象に。

サイドをやや前上がりにカットする。

厚みが出る部分まで毛先をブラントにカット。きれいに伸ばすためにも、いったん毛先をカットして整えておくことが大切。

パネルを引き出すと、毛先に厚みがないことが分かる。

上段は、⑦をガイドに④のレイヤーにつなげてカットする。

⑧

フロントは三画ベースを取り、2段に分けてカット。下段は、あごラインに決めてカット。

⑦

バックも中間からセニングを入れる。サイドと厚みをそろえると薄くなりすぎるので、サイドよりもやや厚みを残すイメージで。

⑥

サイドの中間からセニングを入れ、サイド全体の厚みが均一になるように毛量調整。

⑤

セニングは均等に入れず、パネルごとに入れる量を見極める

POINT

セクションごとに厚みが同じとは限らない。例えば今回はアンダーの方が薄く、オーバーにいくほど厚みが増す。細かくパネルを引き出して、その厚みを目で見て、手で触って確認し、どこにどれくらいセニングを入れるべきか、もしくは入れなくてもいいのかを判断しよう。

CUT FINISH

毛先に厚みが出てまとまりが良くなった。また、全体の厚みがそろってバランスの良いフォルムに。顔周りは、前上がりのレイヤーを入れたことで明るく軽やかに。

ヘアカラープロセス

根元〜中間にBを塗布し7分放置後、毛先にCを塗布し、10分放置。その後水洗。

④

ミドルには入れない。オーバーは①とつながるようにスライスを取って同様にウイービングを施す。左右各3枚施す。13レベルまで明度を上げたら水洗。

③

バックをセンターで左右に分け、アンダーに①と同様のウイービングを前上がりで施す。左右各3枚ずつ入れる。

②

サイドのハチラインにAで幅2ミリ、深さ1センチ、間隔5ミリでウイービングを施す。そのまま表面まで合計3枚入れる。カバーリングは1センチ。

①

ハイライトは必要最低限の部分に入れる

POINT

ハイライトの認知度が上がったとは言え、ダメージを理由にまだ抵抗のある女性は多い。今回は髪を軽やかに見せることが目的なので、見える部分にだけ入れる。表面にはもちろん、アンダーにも入れておくことで、髪が動いたときに襟足から見えて、ワンレンでも重く見えない。

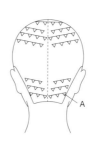

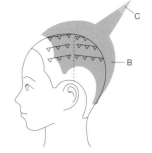

【 レシピ 】

A：ハイライト／ホーユー「プロマスターEX」LT/H：「レセ パウダーブリーチEX」＝4：1＋6％
B：ベース（根元〜中間）／ナプラ「エヌドット カラー」ブルーアッシュ12：フォギーベージュ12＝1：3＋3％
C：（毛先）／ナプラ「エヌドット カラー」フォギーベージュ12＋3％

レイヤーを入れた顔周りが、明るく軽やかに見せ
てくれている。また、繊細に入れたハイライトが派
手にならない程度に髪を明るく立体感を持たせ、
軽やかな印象に。毛先にも厚みが出て髪を伸ばし
ていきやすい状態に。

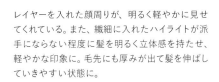

hair design_Asami Kimura [K-two]
make-up_Ayami Iwasaki [K-two]
photo_Seiji Takahashi [JOSEI MODE]

毛量が少なく髪が長いため
ペタッとしてしまう

次に紹介するのは、毛量が少ないケース。毛量が少なく見えないようにベースを重めに設定したロングスタイルは、
髪の重さでよりペタッとした印象に見えがち。動きをつくることで、見え方を変える。

現状分析

□硬さ	普通
□太さ	細い
□量	少ない
□カットベース	胸下10センチのローレイヤーロング

全体的にペタッとして、
動きがない印象

毛量が少ない上に、レングスが長くカットベースも重ためなので、ボリュームが出にくい状態。

施術プラン

PERM パーマ

**目元あたりに
ふわっと膨らむ動きを**

カットでつくったベースに緩いスパイラルパーマをかけることで、ナチュラルなふんわり感をつくる。ふんわり感をどこに出すかで印象が変わるが、今回は目元付近にボリュームが出るように巻いていく。

+

CUT カット

**表面にレイヤーを入れて
パーマで動きをつくる下地を**

重たいベースのままだと動きが出づらくパーマをかけても毛先に重さがたまってしまうので、トップにレイヤーを入れて動きが出る下地をつくっておく。ただし、アンダーの長さはそのまま残しレングスはキープ。

お客さまの希望

■毛量が少ない印象を解消したい

■軽やかな雰囲気にしたい

■レングスを変えたくない

カットプロセス

④ ③をガイドに、放射状にスライスを取ってカットする。

③ トップをオンベースに引き出して、10センチカットし、レイヤーの幅を決める。

② フロントサイドを前方に引き出して、前上がりのレイヤーを入れる。

① 毛先をカットし、長さを整える。

そのまま表面にもセニングを入れる。

毛量調整を行なう。縦パネルを取り、中間からグラデーション状にセニングを入れていく。

アンダーの長さを切らないように注意しながら、トップからアンダーをつなげる。

サイドバングにもセニングを入れて量感をサイド〜バックと合わせておく。

バングを目の上の長さでカット。

サイドバングをあごより少し長めにカット。

CUT FINISH

レングスはキープしつつ、トップ〜アンダーに段差幅がついたことで、軽やかな印象になった。

パーマプロセス

2段目は、サイド上段からの流れで左からフォワード、リバース、フォワード、リバースの順番で巻いていく。今回、バックも2段で終了。

バック1段目は、サイド下段からの流れで左からリバース、フォワード、リバースの順番で巻き、巻く方向が交互になるようにする。

上段はリバースに巻く。健康毛のため、中間まで巻いたら若干巻き上げて、狙い通りの位置からリッジが出るようにする（今回は目の高さ）。

今回は全頭中間からスパイラル巻きする。サイドを2段に分けて、下段をフォワードに巻く。

WASH OUT

ROD ON

ロッド径数　黄色／20ミリ、オレンジ／23ミリ

プロセス

1液塗布→15分放置→中間水洗→
2液を7分・7分の2度づけ→水洗

レシピ

1液／アリミノ「コスメカールH」
2液／アリミノ「コスメカール アフターローション」

ストンとしたストレートから今っぽい緩めのウエーブがついた軽やかなロングヘアに変身。パーマのリッジの重なりをスタイリングで強調することで、ふんわりとしたボリュームを感じられるヘアデザインに。

hair design_Asami Kimura［K-two］
make-up_Ayami Iwasaki［K-two］
photo_Seiji Takahashi［JOSEI MODE］

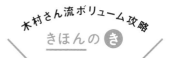

木村さん流ボリューム攻略
きほんの き

どこにボリュームをつくる？

今回は目元あたりにボリュームをつくるためのカット＆パーマだったが、例えば根元にボリュームが欲しいというお客さまには、ハイレイヤーを入れて根元から巻き込むパーマが◎。ニーズによってレイヤーの入れ方とパーマのかけ方を自在に組みわせて、欲しい部分にボリュームをつくろう。

アプローチの実例をストックし、
サロンワークにリアルに活用！

髪のお悩み
レスキューファイル

私が
担当します！

HAIR
TROUBLE
RESCUE
FILE: **#08**

及川なつみ
[kakimoto arms]

THEME

ボリューム

気になるボリュームは、
パーマ施術で扱いやすく

ここでは、髪のボリューム「アップ」＆「ダウン」の方法をパーマで実践。
ストレート施術で膨らみを抑え、ウエーブでふんわり感を強調するというシンプルな提案から、
ボリュームに関するお悩みへの効果的なアプローチを学ぼう。

		木村亜沙美 [K-two]	及川なつみ [kakimoto arms]	DAISUKE [MAGNOLiA]
第1章	[　クセ　]	○ FILE 01	○ FILE 02	○ FILE 03
第2章	[　ダメージ　]	○ FILE 04	○ FILE 05	○ FILE 06
第3章	[　ボリューム　]	○ FILE 07	⊙ NOW HERE! FILE 08	○ FILE 09
第4章	[　エイジング　]	○ FILE 10	○ FILE 11	○ FILE 12

「ボリューム」に関するお悩みへの
アプローチはココがポイント！

髪のボリュームのお悩みに対しても、明確な正解がないからこそ、その対処法もさまざま。
工程ごとに注意すべきポイントをおさえて、お客さまに満足してもらえる仕上がりを目指そう。

ただし、極端にボリュームが出過ぎる、もしくはボリュームのないお客さまは、深く悩んでいることも多いため、必要以上にボリュームについてふれないよう配慮する。

カウンセリング

美容師側の感覚だけでボリュームの「あり」「なし」を決めつけるのは×。お客さまは美容師の判断とは逆に感じていたり、ちょうどいいと思っていたりすることもある。まずは、お客さま自身が髪のボリュームについてどう感じているかを確認する。

ボリューム なし

POINT 2

レイヤーとグラデーションの選択がカギ。トップにボリュームがほしいときはハイレイヤーでふんわりと。ハチが張っていない人や、軟毛の人は、ハチ周りにグラデーションを入れて厚みを出すとボリューム感を表現しやすい。

ボリューム あり

ベースカット

ベースカットの段階ではウエイトを低めに設定するのがコツ。その後に毛量を減らすとウエイトが上がるので、毛量調整によってフォルムがどう変化するのかを計算してカットする。

毛量調整

散りやすく膨らみやすい髪は、ある程度重さを残す方がまとまりやすいため、毛量調整は最小限に。全体を均等に減らすより、スライドカットなどで、芯を残しながら部分的に調整すると良い。硬くて動きづらい髪なら、セニングシザーズで間引いて髪のハリを弱め、やわらかく見せる。

カット

芯のある髪ならパーマをかけられるが、細くて軟らかい髪はパーマがかかりづらい。パワーの強い薬液をチョイスしたり、「クリープ」の工程を入れてウエーブ形成をサポートしたりと、パーマがかかりやすくするための工夫を心掛ける。

POINT 3

POINT 1

「縮毛矯正にしないと収まらない」「カールアイロンを使うことが多い」など、これまでの施術経験や普段のスタイリング法を確認すると、提案の方向性を決めやすい。試したことのある施術については、感想を聞いてみるのも良さそう。

パーマ

根元付近から太めのハイライトを入れると、毛量が少ないためハイライトの入れ始めが目立ってしまう。根元付近は細かめのハイライトにしてグラデーション状にぼかし、目立たなくすると良い。

広がりやすい髪に、コントラストの高いハイライトを施術するとハイライトが散り、パサついているように見えてしまうので注意。

ヘアカラー

根元のうねり & 膨らみやすい髪質で
ボリュームが出てしまう

ホワホワと広がりやすい髪は、毎日のスタイリングもストレスになりがち。特にうねりが気になる根元にはストレートパーマを施術して、
自然にボリュームダウン。前髪のセクショニングにもひと工夫し、バランスの良いスタイルを目指す。

現状分析

□硬さ	普通
□太さ	やや太い
□量	かなり多い
□カットベース	前髪のあるワンレングスベース

ほぼ毎日、根元をストレートアイロンで伸ばし、中間～毛先をカールアイロンで巻いている。前髪はアイロンの使い過ぎによって、縮毛矯正後のように伸びってしまっている。ヘアカラーはダークトーンにカラーリングしており、現状は5レベル程度の明るさ。

根元付近にうねるクセがあり、空気を含んでホワホワと広がりやすい髪質。また、髪の毛1本1本が縮れたようになっている。ダメージはなし。

POINT 1

CUT　カット

毛量調整はせず、
バング幅のみ調整する

空気を含みやすい髪質はストレートパーマによってボリュームダウンできるため、カットで重さを残した方がまとまりやすい。セニングで毛先に軽さが出るとパサついたり、髪が伸びると膨らんだりすることもあるため注意が必要。前髪の幅を調整し、バランス良く見せる。

+

PERM　パーマ

うねりが気になる根元のみ
ストレートパーマを施術

全体的にボリュームが出てしまう原因となっている根元のうねりを、ストレートパーマ施術で解消する。普段のスタイリングでウエーブをつけたい中間～毛先にはストレートパーマ施術をせず、膨らみを自然に落ち着かせる程度に仕上げる。

施術プラン

パーマプロセス

CHECK!

表面の髪が浮遊するように広がる髪は、毛髪内部の間充物質にムラができ、スカスカになっていることが多い。保護剤を塗布することで、毛髪内部にできた隙間を埋め、まとまりやすくする。

根元10～15にセンチに1液を塗布する。薬液の反応が緩やかな襟足から施術。髪が折れないよう、根元の際までは塗らないようにする。

パーマ施術をしない中間～毛先に保護クリームを塗布する。

前処理。ヒアルロン酸配合の処理剤を全体にスプレー。髪へのダメージを軽減しつつ、薬剤の浸透を促す。粗いコームを使ってコーミングし、処理剤を全体になじませる。

CHECK!

ハチが張っている場合、根元からストレートにすると骨格がそのまま出てしまう。トップには薬剤を塗らずに自然なボリュームがつくようにしておけば、トップに高さが出て縦長シルエットへ導くことができ、骨格補整につながる。

生え際の産毛はハケで塗ると薬液がつき過ぎて髪が折れてしまうので、コームを使って薬液を伸ばす。

髪の毛が細い顔周りは、最後に施術。顔周りの中でも、特にクセが強い前髪から塗る。根元を1センチ程度あけて薬液を塗布。

モヒカンゾーンは、根元を1.5〜2センチ程度あけて塗る。

CHECK!

薬液を塗布するときは、ダウンステムにすると塗布量がムラになりやすいので、パネルをオンベースに引き出して施術するよう心掛ける。また、ダッカールで留めるとクセがついてしまうので注意。

2液は、根元の際まで薬液を塗布する。目指す仕上がりに形づくる工程なので、髪が自然に落ちる位置にコーミング。塗布後5分程度放置し、水洗。

中間水洗の前にヒアルロン酸配合の処理剤を全体にスプレーし、よくもみ込む。しっかりと乳化させることで、滑らかな質感に仕上がる。

サイド内側へ塗布し終えたら、5〜6分程度放置し、水洗。今回は熱処理をしないため、7割程度の軟化を目安にする。

（プロセス）

前処理→保護クリーム塗布（中間〜毛先）→1液塗布（根元）→
5〜6分放置→中間処理→中間水洗→2液塗布→5分放置→水洗

（使用薬液）

毛髪保護クリーム：アリミノ「クオライン」アジャスト0
1液：アリミノ「クオライン」CA-T 200
2液：「クオライン」アフタークリーム

> カットプロセス

CHECK!

前髪の幅が狭いと小顔には見えるが、サイドの分量が増え、横にボリュームが出て頭が大きく見えてしまう。幅を調整することで、サイドが多少膨らんでもバランス良く見えるように仕上げる。

バングは、現状よりも少しだけ幅広に設定。後方へ流れるクセはサイドに、前方へ流れるクセを前髪に分け取り、眉下の長さにカットする。

> FINISH

POINT

**普段のスタイリングに合わせて
ストレートパーマ施術を行なう**

ボリュームが出やすい髪質でも、全体にストレートパーマをかければ良いというわけではない。骨格の特徴や、毎日のスタイリングに合わせて必要な部分に施術するよう心掛ける。カットも同様で、毛量が多いからといって、むやみに毛量調整を行なうのはNG。

スタイリングのコツ

ボリュームが出やすい髪は、髪に水分が残っている状態でベース剤やスタイリング剤をつける。表面のみだと内側から広がってしまうので、下から手を入れるようにして内側の根元付近からつけると乾燥せず、ボリュームを抑えた状態を長時間キープできる。また、アンダーにもなじませるのがポイント。

広がるクセを抑えたナチュラルなストレートヘア。カットベースは大きく変えず、ボリューム感を生かした重めのスタイルに。毛先までまっすぐに仕上げると強い印象になり過ぎるため、中間〜毛先はカールアイロンで緩く巻き、やわらかさをプラス。

hair design_Natsumi Oikawa [kakimoto arms]
make-up_ Tomoyo Nishino [kakimoto arms]
photo_Kei Fuse [JOSEI MODE]

細くて軟らかい髪質で
ボリュームが出づらい

直毛でねこっ毛のような髪質は、パーマがかかりにくいのも難点の1つ。
カットの段階で厚みを出すのはもちろんのこと、パーマの工程にひと手間加えることでウエーブの形状を表現しやすくする。

現状分析

□硬さ	やや軟らかい
□太さ	細い
□量	やや少ない
□カットベース	顔周りが短くなっている ほぼワンレングスのスタイル。

細くて軟らかい、ねこっ毛のような髪質。ハチが張っていないので、サイドがよりペタッとして見える。ヘアカラーは、ところどころにブリーチによるバレイヤージュの履歴がある。特に毛先のダメージが激しい。

施術プラン

PERM パーマ

短くカットした顔周りの
ふんわり感を強調

カットラインに合わせて毛先から巻くことで、カットでつくった厚みを生かしながらウエーブをつけてボリューム感を強調。「クリープ」の工程を加え、パーマがかかりづらい髪にもリッジのあるウエーブを狙う。

CUT カット

オーバーにグラデーションを
入れて厚みを出す

オーバーとアンダーの2段構成にする。顔周りを短くし、オーバーセクションにグラデーションを入れて厚みを出す。前上がりラインにカットすることで華やかさを演出しつつ、ボリューム感を表現しやすくする。

カットプロセス

POINT 2

④ もみあげ部分を前方に引き出し、パネルを持つ指を徐々に毛先側へスライドさせながらカット。オーバーのグラデーションとアンダーをつなげる。

③ ハチ上はパネルを放射状に引き出し、グラデーションを入れる。ハチが張っていない人はトップにボリュームが出づらいため、グラデーションで厚みを出す。

② こめかみからゴールデンポイントまでをセクショニングし、パネルを前方に引き出して前上がりにカット。前下がりのセクションを取ることで、顔周りに厚みを出す。

① 鼻先の長さに切った前髪につなげて顔周りをカット。パネルを前方に引き出し、前上がりラインにする。

切り上がり。前髪〜顔周りを前上がりラインにつなげ、耳後ろ〜バックは毛先に厚みを出した。

耳後ろは前方にオーバーダイレクションをかけてカットし、前上がりラインに。オーバーとアンダーの角を落としつつ、アンダーに厚みを残す。

フロントはパネルをやや持ち上げてカットし、グラデーションを入れる。

— パーマプロセス

バックは特に毛先のダメージが気になるので、毛先にCMCを塗布した後にワインディング。毛先から3回転程度の平巻きに。

耳後ろも同様に、カットラインに合わせて毛先から巻く。

サイドは、カットラインに合わせてパネルを前方に引き出し、毛先から2回転半〜3回転巻く。

前処理をした後、ワインディング。フロントは表面へ向かうにつれて少しずつステムを上げながら巻く。巻き収まりがグラデーション状になるようにすることで、厚みを出す。

ロッド径数

オレンジ（前髪）：13ミリ、青：17ミリ、オレンジ（バック）：23ミリ、ピンク：25ミリ

プロセス

前処理→ワインディング→1液塗布→11分放置（「R」8分→「EX」3分）→中間水洗→加温8分→ドライ→2液塗布（7分・7分の2度づけ）→ロッドアウト→水洗

使用薬液

1液：ロレアル プロフェッショナル「カーリア」R、EX
2液：「カーリア」セカンドローション

POINT 3

ドライヤーで乾かすことで、ドライ時にリッジが出るウエーブを狙う。少し湿り気が残る程度までドライ。その後、2液を塗布（7分・7分の2度づけ）。

中間水洗後にタンパク質とCMCを補給し、キャップをかぶせて8分加温（クリープ）。熱と水分によって、毛髪内部のコルテックスを移動させやすくする。

— FINISH

WASH OUT

ROD ON

POINT 一

**細い髪には厚めスライス &
細めロッドでくっきりリッジを狙う**

パーマの波状が出づらい細い髪への施術ではスライスを厚めに取り、求めるウエーブよりも2回り細いロッドで巻く。パワーが強めの薬液を使って短時間で施術し、よりリッジが出やすくする。また、ペーパーを2枚使うことで、毛先のカールが強くなり過ぎないようコントロール。

スタイリングのコツ

細くて軟らかい髪質のロングヘアは、スタイリングでボリュームを出しても時間が経つとダレてしまう。ハリコシが出るムースをコームに取り、細かいパネルに分けてなるべく頭皮に近い部分からつけた後にブローすると立ち上がりがつく。キープ力も高いので、部分的なボリュームアップにも使える。

ふんわりとした顔周りのウエーブがポイントのロングスタイル。カットで全体のシルエットに厚みを残しつつ、パーマのウエーブを加えることによってボリューム感をアップ。顔周りだけでなく、アンダーにも厚みを残すのがカギ。

hair design_Natsumi Oikawa [kakimoto arms]
make-up_Sakura Itoyama [kakimoto arms]
photo_Kei Fuse [JOSEI MODE]

及川さん流ボリューム攻略
きほんの き

お客さまの毎日に寄り添う

お客さまがどのように手入れし、スタイリングしているのかなど、髪のボリュームに対して毎日どう向き合っているのかを探ることで提案のヒントが見えてくる。また、ボリュームを「出す」「抑える」という選択肢だけでなく、「動かしやすくする」「アレンジがきく」など、デザインの幅を広げる提案ができれば、お悩みと付き合いながらヘアのおしゃれを楽しんでもらえるはず。

アプローチの実例をストックし、
サロンワークにリアルに活用！

髪のお悩み
レスキューファイル

私が
担当します！

HAIR
TROUBLE
RESCUE
FILE: # **09**

DAISUKE
[MAGNOLiA]

THEME

ボリューム

ボリュームはお客さまの個性！
生かしてデザインできる美容師になろう

ボリュームがある人もない人も、それぞれに異なる悩みを抱えているもの。
でもそこには、本当にデメリットしかないのだろうか？
ここからは、ボリュームのある・なしそれぞれの特徴をしっかり押さえて、
ボリュームを「個性」として生かすテクニックを学ぶ。

		木村亜沙美 [K-two]	及川なつみ [kakimoto arms]	DAISUKE [MAGNOLiA]
第1章	[クセ]	◯ FILE 01	◯ FILE 02	◯ FILE 03
第2章	[ダメージ]	◯ FILE 04	◯ FILE 05	◯ FILE 06
第3章	[ボリューム]	◯ FILE 07	◯ FILE 08	NOW HERE! FILE 09
第4章	[エイジング]	◯ FILE 10	◯ FILE 11	◯ FILE 12

はじめに

本来のボリュームを個性としてとらえ
生かすべきところは生かしてデザインしたい

髪のボリュームに関するお悩みは、本当にすべてカバーすべきもの？
もしかしたら、その素材を生かしてすてきな仕上がりにできるのでは？　DAISUKE さんの提言に、耳を傾けてみよう。

ボリュームがある／なし共に、メリットもデメリットもある！

ボリュームのお悩みは、ヘアスタイルの仕上がりを左右する重要なトピック。しかし、「隠す」「カバーする」ことだけに注力しすぎると、ヘアデザインとして味気ない仕上がりになってしまう可能性も……。

そこで考えたいのは、ボリュームのある、なし共に、生かすべき「メリット」は何か、ということと、お客さまが自身のボリュームに対して抱いている本当の悩み（＝デメリット）はどこか、ということ。お悩みの核となる部分をピンポイントでカバーできさえすれば、お客さまが本来持っている髪質を否定することなく、個性を打ち出したヘアデザインを提案できるようになるはずだ。

	ボリュームが ない人	ボリュームが ある人
生かす →	**メリット** ■コンパクトな仕上がりにしやすい ■顔周りがフィットしたデザインをつくりやすい ■ヘアカラーがきれいに染まりやすい	**メリット** ■華やかに見せやすい ■ふんわりさせやすい ■強い髪質なので、ダメージに強い
カバーする →	**デメリット** ■貧相に見える　■束感が出にくい ■束感をつくると毛量が少なく見える ■ダメージを受けやすい ■パーマがかかりにくい	**デメリット** ■抜け感を出しにくい ■重たい印象になりやすい ■カットの頻度が上がる

「生かす」ために使えるパーマテクニック

本来のボリュームを生かすためには、そのメリットをなくさない程度に調整する技術が必要。
今回は、この3つをプロセスに盛り込んでいる。

③ ウイービングパーマで適度にボリュームダウン

厚めのパネルをとり、ヘアカラーのウイービングのようにチップをとって上下に分け、それぞれを巻く「ウイービングパーマ」。こうすることで、理想の動きを出しつつも、毛束が互い違いになるために、余計なボリュームを抑えることができる。

① カール同士を「ぶつけて」ボリュームをつくる

ボリュームの無さをパーマでカバーするなら、リッジの大きさや強さではなく、方向性の異なるカール同士を「ぶつけ」、その組み合わせによってボリュームを出す。中間巻きを中心にすることで、さらに自然な仕上がりに。

② 前髪のセクションを広げてハチ張りをカバー

ボリュームの要因の1つ、「ハチ張り」。解消するためには、ハチを抑えつけるよりは、前髪の面積を広げ、ハチ部分の面積を減らすと、無理がない。

カットベースと髪質の組み合わせで
つぶれやすい髪

ボリュームが無くて悩んでいるお客さまには、一番目立つ箇所をカバーしたうえで、
ウエーブの組み合わせでボリュームをコントロールしながらメリハリをつくって対応したい。

現状分析

□硬さ	普通
□太さ	細い
□量	やや少ない
□カット ベース	前下がりのグラデーションボブ

トップから毛先にかけて全体的に頭の形に沿ってつぶれている。またカットベースによって顔周りの髪が薄くなり、ボリュームの無さをさらに強調している。

施術プラン

PERM

パーマ

**厚みのあるパネルで
シンプルに構成する**

ワインディングは、1つひとつのパネルを厚めに取り、ふんわりとしたウエーブ感を目指す。1つのカールに他のカールを重ねて、自然なボリュームが出るように意識。襟足はあえて逆巻きでつぶして、コントラストをつける。

CUT

カット

**パーマとスタイリングを想定し
表情と厚みをつける**

カットはドライでピンポイントに入れて、コンパクトなシルエットを生かす。顔周りの薄くなっているところに厚みを出し、表面にはパーマやスタイリングで少し動かしただけでも動きが出るようにレイヤーを入れる。

カットプロセス

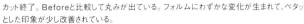

③ カット終了。Beforeと比較して丸みが出ている。フォルムにわずかな変化が生まれて、ペタッとした印象が少し改善されている。

② 表面の髪を正中線上に集めて、ややフロント側に倒してレイヤーを入れる。毛先に動きをつけることで、動かしたときの自然なボリュームを狙う。

① 耳前の毛先がかなり薄くなっているので、そこだけ切る。水平気味にカットして、厚みを出す。

ボリューム

DAISUKE [MAGNOLiA]

④

フロント側も、②～③と同様に巻く。

③

2のカールを浮かせるための「土台」として2線目を巻く。同様に27ミリロッドで根元から2回転。

②

最もボリュームを出したいトップから巻く。パネルを厚めにとって、ステムを上げて27ミリロッドで根元から2回転。毛先を逃がす。

①

ケラチン系の薬剤で前処理。頭頂部にハリコシが欲しいので、根元からしっかりつける。

⑦

2線目は同じく21ミリで、ややステムを上げてリバース方向に引き出し、⑥と同様に巻く。

⑥

顔周りの1線目は、フォワード方向に引き出し、21ミリロッドで中間巻き2回転。

POINT
—
フロントのパネルをアップステムにしすぎると、スタイリングしてパートをつけたときに割れてつぶれる原因になるので注意。

⑤

フロントを巻くときは、それまでよりもややステムを下げ、25ミリロッドを使って同様にワインディング。

POINT
—
ネープを逆巻きで抑えてタイトに仕上げることで、フォルムにメリハリが生まれてよりトップがふんわり見える。

⑨

ネープにはフィット感を出したいので、15ミリロッドで逆巻き1.75回転。

POINT
—
フォワード・リバースを交互に、またロッド径を少しずつ上げていく。カール同士が押し合って自然なボリュームを出すことができる。

⑧

3線目は23ミリロッドで⑥と同様に巻く。後方へ行くにしたがって、少しずつロッド径を上げて、ふんわりとしたフォルムをつくる。

HAIR TROUBLE RESCUE FILE #09

ロッド径

紫：27ミリ、ピンク：25ミリ、オレンジ：23ミリ、黄緑：21ミリ、ピンク（襟足）：15ミリ

プロセス・レシピ

1液：アリミノ「コスメカール プリズムプラスH」
2液：アリミノ「コスメカール プリズムプラス アフターローション」
つけ巻きでワインディング。8分放置後、中間水洗。10分クリープ後、2液を塗布（5分5分の2度づけ）。

もともとのスッキリしたシルエットは生かしつつ
も、トップと顔周りに緩やかな動きが出て、つぶ
れた印象が消えている。襟足付近のタイトな逆
巻きが、フォルムにメリハリを出している。

ボリューム

DAISUKE [MAGNOLiA]

hair design_DAISUKE [MAGNOLiA]
make-up_HINATA [MAGNOLiA]
photo_Seiji Takahashi [JOSEI MODE]

広がるようなボリュームがあって
直毛かつ削がれた髪

広がってまとまりにくいボリュームの髪。
毛量を無駄に減らしたり、無理やり押さえつけることなく、落ち着かせるのに必要な技術とは？

現状分析

□硬さ	軟らかめ
□太さ	ふつう
□量	やや多い
□カットベース	ローレイヤー

トップから中間まで全体的にボリュームがあるが、毛先が削がれて細くなっており、さらに直毛なので、カットだけでボリュームコントロールするのは難しい。

施術プラン

PERM

パーマ

「ウイービングパーマ」を軸にボリュームを落ち着かせる

ふんわり感を生かしながら、余計なボリュームのみ落ち着かせてフォルムをカバーするために、1つの大きなパネルを上下に分けてかける「ウイービングパーマ」をサイドとバックに施術。また、前髪の量を多くすることで、ハチ張りをカバー。

+

CUT

カット

髪がたまりやすいところのみカットでカバー

全体に中間〜毛先がかなり薄くなっているので、カットは耳下や表面など、髪がたまりやすいところにのみ行なう。また、前髪が薄いのも、相対的にボリュームを大きく見せる原因になっているので、やや範囲を広げる。

カットプロセス

④

③で残した毛束を、こめかみ上の出っ張りから落ちる髪と組み合わせてノーズラインで切り、デザインポイントにする。

③

ハチ部分の髪を前髪に足してバングセクションを広げ、長めに設定してカット。左右の毛束は少し残す。

②

オーバーセクションは特に重いので、放射状にスライスをとって、パネルの下側のみ、セニングシザーズでグラデーション状に梳く。

①

全体的に、軽さと重さにムラがあるので、耳下のたまりやすい部分をはじめ特に重い部分を選んで、リフトアップしてストロークカット。ミドルセクションは中間から削がれているので減らさない。

ポリューム

DAISUKE [MAGNOLiA]

POINT
—
大きくとったパネルを上下のチップに分けて
ワインディングすることで、ボリュームを適度
に落ち着かせつつ、動きを出して、本来の
素材がもつ華やかさを生かすことができる。

③ 上2つは、ややステムを下げて縦にねじって中
間巻き2回転。

② ミドルセクションはウイービングパーマ。サイドに
大きくパネルを引き出して、2センチ幅のチップ
が上2つ、下3つになるようにすく。下3つはダ
ウンステムで、26ミリロッドで1.5回転の平巻き。

① 土台となるネープ部分にはあまりボリュームを出
したくないので、逆巻きで抑える。左右に分け、
それぞれダウンステムで20ミリロッドに引き出し
1.75回転。

POINT
—
バックのウイービングパーマは、下がボリュー
ムを「マイナス」、上がボリュームを「プラ
ス」するように構成されている。上のスパ
イラルが、ボリュームを出しすぎずに動
きをつくる。

⑥ トップのサイドを巻く。ハチ張りを防ぐためにダ
ウンステムに引き出し、29ミリロッドで中間巻き
2回転で抜け感を出す。

⑤ 上2つはややステムを上げて、23ミリのロング
ロッドでスパイラル巻き。

④ バックも、サイドと同様にウイービングパーマ。下
3つは、ダウンステムに引き出し26ミリロッドで
1.5回転の平巻き。

POINT
—
ハチにあたるトップの左右は、Beforeよ
りも狭くとっている。さらに、つぶすような
パーマをかけることで、ハチ張りを抑えて、
余計なボリュームが出ないようにしている。

⑨ 前髪は、左へ流れるようにカットされているので、
右側に引き出して巻く。上下2段に分け、内側
は17ミリ、表面は23ミリでそれぞれ毛先巻き2回
転。

⑧ バックは左右にボリュームを出したくないので1
枚のパネルで巻く。25ミリロッドで中間巻き2
回転。

⑦ トップポイントの1線目はフォワード方向に引き
出し、29ミリロッドで中間巻き2回転、根元まで
巻き込んで動きを出す。

ロッド径

エメラルドグリーン：29ミリ、ピンク：26ミリ、オレンジ：23ミリ、黄色：20ミリ、黄緑：17ミリ

プロセス・レシピ

1液：アリミノ「コスメカール プリズムプラスM」
2液：アリミノ「コスメカール プリズムプラス アフターローション」
つけ巻きでワインディング。7分放置後、中間水洗。10分クリープ、12分ガラス化後、2液塗布（5分5分の2度づけ）。

全体の膨らみとハチ張りが解消されつつ、ウイービングパーマによって、中間から毛先に華やかな動きが出た。ボリュームに対してスカスカだった毛先は、逆巻きによって適度な厚みと軽さを兼ね備えた仕上がりに。

hair design_DAISUKE [MAGNOLiA]
make-up_HINATA [MAGNOLiA]
photo_Seiji Takahashi [JOSEI MODE]

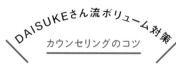

DAISUKEさん流ボリューム対策
カウンセリングのコツ

「ボリューム」から一歩踏み込む
—

お客さまのボリュームが持つメリットを生かすためには、「トップが割れる」、「ハチが膨らむ」など、お悩みの内容を具体的にして、カバーすべきポイントを特定する。カット履歴もしっかり見て、足すところと引くところのバランスもしっかり見極めることが大切だ。

アプローチの実例をストックし、
サロンワークにリアルに活用！

髪のお悩み
レスキューファイル

私が
担当します！

HAIR
TROUBLE
RESCUE **#10**
FILE:

木村亜沙美
[K-two]

THEME

エイジング

今ドキ大人世代のための
ニューアプローチを探れ！

第4章では、「エイジング」に焦点を当てる。
みなさんもお気づきの通り、大人世代と言っても若々しい人が多い。
だからこそ、王道の大人のお悩み解決方法から一歩先へ行く、
デザイン性も加味した提案が欠かせなくなってきているのだ。

大人世代へのお悩み解決アプローチを
アップデートしよう

エイジングによって髪質が変化し、クセが強くなったり、乾燥して収まりが悪くなったり、ツヤがなくなったり……。そんな大人世代のお悩みを、いつもお決まりの方法で解決していないだろうか。もしかしたら、それだけだと不十分かもしれない。「今の大人世代の女性たちは、働いている方も多く、アクティブで若々しい方ばかりです。ヘアデザインも、若い女性たちと大きく変わらない

ものを求めていることも多く、『大人だから』という先入観は禁物です」と木村さん。つまり、「お悩みを解決する視点」と「ヘアデザインを今っぽくオシャレにつくり上げる視点」の2つを持ち、従来の方法にとらわれない大人世代へのアプローチを新たに確立する必要があるということ。今回は、木村さんが考える「今ドキ大人世代への提案術」を解説してもらおう。

今ドキ大人世代の心をつかむためには……

さらに

もちろん

今っぽくてオシャレな
ヘアデザイン提案

+

エイジングによる
髪のお悩みを解決

この2つの要素をかなえるデザインが有効

CASE. 1

髪がパサパサ広がり、
質感が悪く見える

加齢と共に髪のうるおいは減少し、パサパサと広がるようになる。それを改善するため、「収まりを良くすること」
「質感を良く見せること」を目標に、ゴールのヘアデザインを見据えながら施術プランを立てていこう

現状分析

□硬さ	軟らかい
□太さ	普通
□量	普通
□カットベース	グラデーションが顎ラインまで伸びた状態

バック左側が右へ流れるクセがある。逆に右側が薄く見えるのは、前回までのセニングにより毛量が不均一になっているから。裾はぼてっとして収まりが悪い。

髪がパサついて広がっている。その広がりを抑えるためか、髪をかなりすいた状態で、中途半端に短い髪が余計に質感を悪く見せている。

ヘアカラー COLOR

現状の明度はキープしつつ「ハイ&ローライト」でパサつき軽減

モデルの希望は「現状の明度（11レベル程度）から下げたくない」。そこで今回は、ハイ&ローライト施術を選択。3色のブレンドによって毛流れと立体感を出すことで、パサつきが目立たなくなり、見た目の質感を向上させる。ベースが重めなので、表面から見えるハチ上のみに施術。

カット CUT

毛量を均一に整え収まりの良いグラボブに

髪の広がりを抑えるため、ローグラデーションでカットし、ある程度重さを残しながらネープが内側に収まりやすくなるようにする。また、部分ごとに毛量が不均一な状態を解消するため、細かくパネルを取りながら左右の毛量がバランス良くなるようにセニングを入れる。

明るいヘアカラーを楽しみたかったり、ツヤが欲しいけれどべたっと見せたくなかったりする大人世代が増えています。そのニーズに応えられる準備をしておきましょう！

今ドキ大人世代への提案術1

「ダークトーンでツヤをつくる」からアップデート！「ハイ&ローライト」で質感アップ

パサつきを解消するとき、低明度のワントーンに染めてツヤを出すことも多いが、今ドキ大人世代には、ハイライトやローライトを加えたデザインもおすすめ。立体感を出すことで、平面的なワントーンの仕上がりよりパサつきが目立たなくなり、毛流れも美しく見せることができる。ハイライトだけの場合は、明度を高くしすぎるとよりパサついて見えたり、派手な印象になってしまうので注意。暗めに見えてもOKならローライトだけでも◎。

カットプロセス

ウエットカット

広がりを抑えるための重さや表面の長さはキープしながらアンダーを収まり良くするため、ローグラデーションを入れていく。

③ 左右の長さがそろった。

② クセの毛流れを考慮しながら、落ちる位置でブラントにカットする。

① ネープから切り始める。左側が右へ流れて毛先の長さがそろっていない状態。

⑦ 2段目はバックと同じように指1本分持ち上げてカット。同様にしてトップまでつなげる。

⑥ バックをガイドに、サイドの1段目を床に対して平行な切り口でカット。

⑤ バックの切り上がり。グラデーションが入って、裾の収まりが良くなった。

④ 2段目を、③をガイドに指1本分持ち上げてカット。同様にしてトップまでつなげる。

③ 左右の毛量のバランスが取れた。この要領で毛量調整を進めていく。

② 左側に中間からセニングを入れる。右側にはほぼ入れない。

① アンダーは、左側に厚みがあり、右側はやや薄い。

毛量調整

前回までのセニングやクセによる不均一な毛量を調整するため、細かくパネルを取り出しながらチェックし、セニングを入れていく。

⑦ サイドの中途半端な短い髪が表面に飛び出している部分にはセニングを入れず、触って厚みを感じた部分の毛先にのみ入れる。

⑥ オーバーは縦パネルを取り、中間からグラデーション状にセニングを入れて、内側へ収まる毛流れをつくる。

⑤ 逆に右側は厚みがあるため、中間からセニングを入れる。目で見て、手で触ってセニングを入れる場所と程度を見極める。

④ ミドルの左側の毛先が薄くなっているので、セニングはほぼ入れない。

オーバーの短くなっている部分を伸ばしていけばもっと収まりが良くなるけれど……

前回までのセニングによってできたオーバーの短い髪が、エイジングによるパサつきと広がりを助長しているため、今後その長さを伸ばせばもっと収まりが良くなることをお客さまに伝えよう。ただ、正解は人によって異なる。例えば「セニングをしっかり入れて毛量を減らした方が扱いやすい」と考えるお客さまがいたら、否定するのではなく、デメリットや賞美期限（ベストな来店時期）を伝えながら、1人ひとりに寄り添う提案を心がけよう。

お客さまに「前回のセニングは失敗ですね」と伝えるのは、嫌な気分にさせるだけなのでNG。現状を冷静に分析した上で、自分の提案に生かすのみ。

カット終了

裾が自然に内側に収まる、丸いフォルムに整った。

ヘアカラープロセス

④ 深さ1センチ、幅5ミリのチップを取ってローライトBを塗布。

③ ローライトはハイライトのチップとチップの間から取る。

② 深さ1センチ、幅3ミリ、間隔1センチのウイービングで、ハイライトAを塗布。根元は塗らず、Aを塗布した部分との境目をぼかす。

① ブロッキング。今回はオーバーにのみ施術する。

⑥ ホイルをはずして水洗したら、そのままシャンプー台でCをなじませて7分放置。その後水洗。

POINT

今回は10分程度放置して、BEFOREの11レベルから13レベルくらいまで明度を上げる。明るくしすぎると髪に負荷がかかるのと、派手な印象になるので注意。

⑤ サイド左右に各3枚、バックは左右にそれぞれ各3枚、トップに各1枚施術。カバーリングは1センチ。

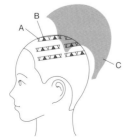

レシピ

Aハイライト／ナプラ『アクセスフリー パウダー ブリーチ』＋6％（2倍）
Bローライト／ホーユー『プロマスターEX』N-6/5＋3％
Cベース／ナプラ『エヌドットカラー』F-FBe12＋3％

POINT
ハイ＆ローライトを隣同士に配置して2つの明暗のコントラストを強調する

ハイライトとローライトのチップを隣り合わせで取ることで、2色のコントラストがより際立つ。ローライトがハイライトの明るさを引き立ててくれるため、ハイライトの明度を上げすぎなくて良いのも、この施術のメリットだ。

エイジング

ASAMI KIMURA [K-two]

全体にパサつきがあり、それによって毛先が広がっていたのが、収まりの良いボブスタイルに仕上がった。表面に入れたハイ＆ロー　ライトが、高明度の印象はそのままに立体感を生み出し、パサついた印象を払拭している。

hair design_Asami Kimura [K-two]
make-up_Ayami Iwasaki [K-two]
photo_Seiji Takahashi [JOSEI MODE]

CASE. 2

表面に波状のクセがある
動きが出づらい

表面に出るもわもわとした波状のクセが、加齢と共に気になるようになった――。
それを上から押さえつけるようにスタイリングしている大人のお客さまの髪に、「動き」をつくる方法とは？

現状分析

□硬さ	軟らかい
□太さ	普通
□量	少ない
□カットベース	鎖骨下の長さの前下がりのワンレングス

表面にもわもわとした波状のクセが出ている。また、ところどころにある切れ毛が、質感をより悪化させている。いつも上からクセを押さえつけるようにスタイリングしがちでつぶれて見えやすい。

施術プラン

パーマ PERM

トップはボリュームアップ
毛先は動かし方自在なCカール

トップはオンベースに引き出して根元まで巻き込み、かきあげバングにボリューム感を足す。その他はダウンステムで毛先にCカールがつくように内巻き。根元～中間のツヤ感は残しつつ、毛先はスタイリング次第で内巻きや外ハネに自由に動かせるようにしておく。

＋

カット CUT

ベースはローレイヤー
かき上げバングでふんわりと

長い前髪を利用して、かき上げたときにトップにふんわり感が出るように顔周りに前上がりのレイヤーを入れることに。トップ～ミドルにはローレイヤーを入れ、クセを抑えるための適度な重さは残しつつ、パーマをかけたときにカールが重なって動くよう段差をつくっておく。

横巻きでつくるCカールは、毛先に動きが出つつ、巻いていない根元～中間はカールが下へ落ちる重力でツヤ感が出ます。そういう意味でも、大人のお客さまにおすすめです！

今ドキ大人世代への提案術2

「ふんわり感＝たっぷりレイヤー」からアップデート
「ローレイヤー＋Cカール」でツヤっぽい動きを

大人世代のお悩みでも、上位に入る「動きが出づらい」問題。しっかりレイヤーを入れてカットで動きをつくる方法もあるが、今ドキ大人世代は、若者たちにも人気が高く、ツヤ感も出しやすい重いベースを希望する人も多い。そういうお客さまには、ローレイヤーで最小限の動きのベースをつくっておき、パーマで動きを足すのもおすすめ。毛先にCカールをつくっておくと、スタイリングによって内巻きにしたり外ハネにしたりできるので、TPOに応じたスタイリングを楽しめる。

④③②① (in order right to left)

③をガイドに、オーバーを放射状に引き出してカット。④

トップに縦スライスを取り、オンベースにパネルを引き出してレイヤーを入れる。③

サイドを前方に引き出し、毛束の上から下へシザーズをアール状に動かしてカットし、前上がりの切り口に。②

バックのアウトラインを整える程度にワンレングスでカットした後、前下がりになっているサイドを床と平行の切り口でブラントカット。①

毛量調整。内側の中間あたりにうねるクセがあり、そこにセニングを入れて短い髪をつくるとパサつきなどの原因になるので、クセの部分より下に入れる。⑧

後ろへ動く毛流れができた。⑦

フロントを前方に引き出して、③につなげて前上がりにカット。⑥

④をガイドに、ミドルも放射状に引き出してカット。レイヤーを入れるのはここまでで、アンダーにはつなげない。⑤

カット終了

ベースは重めながら顔周りや毛先に自然な動きが出るようになった。

レシピ

1液／アリミノ『コスメカール』H
2液／アリミノ『コスメカール』アフターローション

プロセス

水巻きでワインディング→1液塗布→10分放置→中間水洗→2液塗布→5分・5分の2度づけ→水洗

トップ以外は2段に分けて巻く。バックは20ミリ、サイドは23ミリのロッドで、ダウンステムで毛先から1.5回転内巻きする。

内巻きにも外ハネにもなるCカールを毛先に

トップはしっかりボリュームを出す

トップは横に3本巻く。全てオンベースにパネルを引き出し、32ミリのロッドで毛先から根元の指1本分手前まで巻き込む。

エイジング

ASAMI KIMURA [K-two]

べたっと重たい印象だったBEFOREから、ふんわりとした
やわらかな動きが髪に加わり、華やかで優しい印象に。動
きの中心は毛先であることと、適度に重さが残っているこ
とで、パサついた印象はなく、ツヤ感もキープできている。

hair design_Asami Kimura[K-two]
make-up_Ayami Iwasaki[K-two]
photo_Seiji Takahashi[JOSEI MODE]

VARIATION OF STYLING

木村さん流
大人の心をつかむ術

スタイリングが大事!

今ドキ大人世代の女性たちは、仕事に、子
どもの学校行事にママ友とのお付き合い、
自分自身の習い事などさまざまな顔を持っ
ている。そのため、少しスタイリングを変
えるだけで雰囲気をチェンジできることを
伝えれば喜ぶこと間違いなし!

アプローチの実例をストックし、
サロンワークにリアルに活用！

髪のお悩み
レスキューファイル

私が
担当します！

HAIR
TROUBLE
RESCUE
FILE:

11

及川なつみ
[kakimoto arms]

THEME

エイジング

大人世代の悩みには
「ボリュームコントロール」と「なじませ」がカギ

FILE 11は、大人世代の代表的なお悩みに対して、
「ボリュームコントロール」と「なじませ」をポイントに、解消へと導いていく。
髪の悩みが複雑になってくる年代だからこそ、しっかりと対処し、
これからもヘアデザインを楽しんでもらえるような工夫を凝らそう。

		木村亜沙美 [K-two]	及川なつみ [kakimoto arms]	DAISUKE [MAGNOLiA]
第1章	[クセ]	◯ FILE 01	◯ FILE 02	◯ FILE 03
第2章	[ダメージ]	◯ FILE 04	◯ FILE 05	◯ FILE 06
第3章	[ボリューム]	◯ FILE 07	◯ FILE 08	◯ FILE 09
第4章	[エイジング]	◯ FILE 10	NOW HERE! FILE 11	◯ FILE 12

大人髪のお悩み解決、ここがカギ！

大人世代になると頭皮の弾力が低下するため、生えグセが強くなったり、髪が細くなったり、立ち上がりがつきづらくなったりと、
さまざまな髪の悩みが出てくる。「ボリュームコントロール」「なじませ」を軸に、提案のポイントをおさえよう。

CHECK 3

女性はいつもキラキラしたい
髪のツヤがない

カットでは削ぎを多用しないことでパサつきを防ぎ、ツヤ感をキープ。ヘアカラーはツヤが出やすく、顔色が良く見えるブラウン系がおすすめ。若い世代に人気の寒色系は白髪のように見える上、ドライな質感に仕上がるため、大人への提案には注意。

顔色になじむブラウンカラー

CHECK 2

「ふんわり」がほしい
立ち上がり & ボリューム不足

まずはカットで厚みを出すのが第一。グラデーションカットによる髪の重なりでフォルムに丸みを出すだけでなく、引き締める部分をつくってメリハリをきかせるのも重要。さらにパーマをかけて根元からボリュームをつければ、ぐんと効果的に。

ボリュームプラス

CHECK 1

油断すると…分け目ぱっかーん！
生えグセによる割れ

無理に毛流れを変えるような施術をしても長持ちしないので、現状の毛流れを生かしつつカバーする。ここでは、割れてしまう部分の下側にグラデーションを入れてフォルムの土台をつくり、さらに上からグラデーションをかぶせ、浮き上がる髪を抑える。

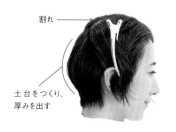

割れ

土台をつくり、厚みを出す

自然なボリュームをプラス

番外編

ホームカラー毛にご注意

ホームカラー履歴のある髪にブリーチ剤を使用すると、オレンジやグリーンが強く出てしまう場合も……。そんな髪に対しては、ブリーチ剤を使える状態かどうかを必ずテストし、その後に施術内容を決めるようにすれば、失敗を防げる。

HOME COLOR

CHECK 5

避けては通れない悩み
白髪が増えてきた

細かいウイービングでハイライトを施すことで、白髪が伸びても自然にぼかせる。ブリーチ剤を使って白髪の明度に近づけると、さらになじみやすく。ただし、ハイライトの頻度が高くなるとパサつくので、サイクルが短くならないような工夫が必要。

白髪になじむハイライト

CHECK 4

バランス良く見せるには？
重心が下がって見える

顔のパーツや輪郭が下がってきた状態に、ヘアスタイルの重心も低いと、老けて見える原因に。大人世代に対しては、どんなレングスでもウエイトを上げるのが必須。ひし形シルエットを意識して顔周りに自然なボリュームをつけ、リフトアップ効果を狙う。

顔周りにボリュームプラス

つむじが割れて後頭部がつぶれてしまう
ツヤがなく、パサつきが気になる

根元の立ち上がりが弱くなると、生えグセが強く出てきてしまう。そんなお悩みに対して、
カットとパーマで自然なボリュームをプラスしつつ、パサつきの気になる髪にツヤ感を出すアプローチで、解決へ導く方法を紹介。

現状分析

□ 硬さ	硬い	
□ 太さ	太い	
□ 量	多い	
□ カットベース	グラデーションでカットしたスタイルのウエイトが下がった状態	

やや乾燥毛で髪のツヤがなく、パサついて見えがち。新生部は約1センチ。ヘアカラーはブリーチによるハイライトの履歴がある。既染部は7レベル程度の明るさで、ハイライト部分は13レベル程度。グレイ率は10%未満。

つむじの割れが目立つ。根元の立ち上がりが弱くなっているのと、髪が伸びて襟足に厚みが出ているため、後頭部がつぶれて見える。また、全体にうねるクセがあり、サイドがハネてしまう。

施術プラン

ヘアカラー COLOR
**ブラウン系カラーで
ツヤ感をプラス**

ヘアカラーはワンメイクで施術。ツヤ感をきれいに表現しつつ、柔らかな印象を演出できるブラウン系の色みをチョイスする。低アルカリの薬剤を使用することで、髪へのダメージを最小限に抑える。

+

パーマ PERM
**ポイントパーマで
根元を自然に立ち上げる**

つむじ周りのみ根元からふんわりと立ち上がりをつけるためのパーマを施す。つぶれてフラットになりがちな後頭部に丸みを出しつつ、ウエイトを上げてバランスの良いフォルムに仕上げる。

+

カット CUT
**自然な毛流れを生かした
ショートボブに**

割れてしまうつむじ付近の毛流れに逆らって無理に補整するのではなく、自然な毛流れを生かしてグラデーションカット。つむじから下に土台をつくるイメージで厚みを出し、上からグラをかぶせて丸みのあるフォルムに。

カットプロセス

CHECK 2 **CHECK 1**

④ サイドの内側はバックからグラデーションをつなげる。パネルをやや後方に引きながらカットし、前下がりのラインをつくる。

③ オーバーもグラデーションカットし、アンダーの丸みにつなげる。サイドまで同じスライスで切ると、サイドの髪がさらにハネてしまう。逆側から切り返してチェックカットし、収まり良くする。

② つむじ下のセクションにグラデーションを入れ、厚みを出す。後頭部がつぶれやすい場合は、やや前下がりにカットすることで、奥行きのあるシルエットに仕上げる。

① つむじが割れる場合は、無理に分け目を変えても時間が経てば割れてしまうため、自然な毛流れを生かしてブロッキングする。

⑧ アンダーはグラデーションの厚みを残したいので、毛先をなじませる程度にセニングを入れる。

⑦ ドライカット。グラデーションカットによる髪の溜まりをチョップカットで取り除く。表面の長さをキープしつつ、レイヤーの角度でシザーズを入れることで、厚みを取る。

⑥ サイドの表面は、スタイリングした時にバックの表面にかかってくるため、ハイグラデーションでカットし、厚みを出す。つむじの割れによって浮き上がる髪をおさえる。

⑤ トップにレイヤーを入れると、うねりが出やすくなってしまう。グラデーションカットすることで、うねりを抑えつつ、パサつきもセーブ。

カット終了

後頭部に自然な丸みが出て、つむじの割れやサイドのハネも収まった。

パーマプロセス

CHECK 2

［プロセス］

ワインディング→1液塗布→10分放置→中間水洗→2液塗布（7分・7分の2度づけ）

［使用薬液］

1液：アリミノ「コスメカール」H
2液：アリミノ「コスメカール」アフターローション

ROD ON

ロッド係数／黄緑：17ミリ、黄：20ミリ、オレンジ：23ミリ、ピンク：26ミリ

② 2本目以降はステムを徐々に下げ、1本目と同様に毛先から根元まで巻き込む。

① つむじの毛流れに合わせてバックにポイントパーマを施す。つむじの割れをまたがずにスライスを取り、毛先から根元まで巻き込んでつむじ周りに立ち上がりをつける。

ヘアカラープロセス

CHECK 3

［使用薬液］

ミルボン「オルディーブ」
9-LBR/H＋3%

② 中間に、根元と同じ薬剤を塗布。パーマをかけたバックの中間〜毛先は最後に塗り、コーミングしないようにする。中間を塗り終えたら毛先に同じ薬剤を塗る。5分放置後、水洗。

① 根元3センチに薬剤を塗る。低アルカリの薬剤は塗布量を多めにすることで、程よいリフトアップを狙う。

POINT

「厚み」「立ち上がり」「ツヤ感」で大人のお悩みをサポート

カットで厚みを出し、パーマで根元を立ち上げ、ヘアカラーでツヤ感を加えるアプローチ。ボリューム不足やパサつきなど、大人世代にとって代表的ともいえる悩みに対して、効果的かつ、無理のない方法を選ぶことが大切。どんなフォルムに仕上げ、施術でどの程度の補整を目指すのかなど、明確なプランを立てた上で提案しよう。

FINISH

奥行きのあるフォルムに仕上げたショートボブのスタイル。つむじ付近の毛流れを基点にカットで厚みを出し、パーマで根元に立ち上がりをつけることで、後頭部に自然な丸みを出し、安定感のあるフォルムに。ブラウンのヘアカラーでやわらかさとツヤ感を演出。

hair design_Natsumi Oikawa [kakimoto arms]
hair color & make-up_ Tomoyo Nishino [kakimoto arms]
photo_Seiji Takahashi [JOSEI MODE]

白髪が増えてきた
ロングヘアでバランスが取りづらい

長めのレングスは、髪が伸びると重心が下がってバランスが悪く見えるのが悩みのタネ。
また、白髪が多くなってくるとカラーリングの繰り返しで髪へのダメージも気になるところ。そんな髪を救うカット＋ヘアカラーとは？

現状分析

□硬さ	硬い
□太さ	太い
□量	多い
□カットベース	ローレイヤーでカットしたスタイルが伸び、重心が下がっている状態

根元が伸びて白髪が目立つ状態。白髪が多い部分（顔周り）は明るく、少ない部分（バック）は暗く見える。新生部は約1センチ。表面に4カ月前に施術したブリーチによるハイライトの履歴があり、12レベル程度の明るさになっている。グレイ率は約60%。

髪が伸びて顔周りのウエイトが下がり、バランスが悪くなっている。毛先もまとまりづらくなっており、パサつきやゴワつきも気になる。

施術プラン

ヘアカラー COLOR

**伸びた白髪を染めつつ、
ハイライトでなじませる**

新生部をリタッチし、伸びてきた白髪をしっかり染めた後、ウイービングでハイライトを施術。繊細なハイライトを全体に施すことで、白髪が伸びてきても目立たないようにする。その後、トナーでハイライト部分に色みをプラス。

カット CUT

**オーバーにレイヤーを入れて
ひし形シルエットに**

アンダーには厚みを残したまま、オーバーセクションと顔周りにレイヤーを入れて「くびれ」をつくり、バランスの良いひし形シルエットに。ヘアスタイルのウエイト位置を上げることで、リフトアップ効果を狙う。

カットプロセス

④ 耳から前の顔周りを前方に引き出してレイヤーを入れる。顔周りをふわっと立ち上げつつ、後方へ向かう自然な毛流れをつくる。

③ 前髪は、アウトラインを決めつつグラデーションを入れる。

② 裾の厚みは残しつつ、ハチ上にレイヤーを入れてウエイトを上げる。この時、パネルの下側を削らないよう注意する。その後、レイヤーとアンダーとの角を取り除く。

① アウトラインをカット。毛先が内側に入るとフォルムが広がりバランスが悪くなるため、表面に段が入らないよう毛先が反るような状態にして切る。同様に、表面とサイドもカット。

POINT 1 硬く多い髪は、長めのレングスも 選択肢に入れて

大人世代にはショートヘアが最適だと思いがちだが、硬くて多い髪はレングスを短くし過ぎるとフォルムが広がってしまう。また、毛量調整をし過ぎると膨らむので、ある程度の長さを残しておく方が扱いやすい場合も。削ぎは最低限に抑えることで、ゴワつきを防ぐ。

ミドルセクションは、中間〜毛先にスライドカットを施す。こうすることで、オーバーに入れたレイヤーに自然な丸みがつく。ただし、軽くし過ぎるとツヤがなくなるので注意。

ドライカット。髪を動かし、重みを感じる部分にスライドカットを施術。表面とアウトラインは、毛先にスライドカットを施す。

> ヘアカラープロセス

スライス間を1センチあけ、厚さ2ミリのスライシングでハイライトを施す。ウィービングとスライシングを混在させることで、暗くなっている部分に明るさをプラスする。

ミドルセクションも同様に、幅3ミリ、間隔7ミリ、深さ3ミリのウィービングでハイライトを施術。

アンダーは生え際のかたちに沿って、幅3ミリ、間隔7ミリ、深さ3ミリのウィービングでハイライトを施術。スライス間を1センチあけ、生え際のカバーリングは2ミリ残す。

根元1センチに薬剤Aを塗布し、伸びた白髪を染める。既染部にオーバーラップし過ぎると、次に施術するハイライトで明度が上がりづらくなるため注意。30分放置後、水洗。

顔周りと襟足の根元は、沈まないよう最後に塗る。中間〜毛先を塗布し5分放置後、水洗。

ベースのトナー剤を塗布し、ハイライト部分に色みをのせる。根元5センチに塗布後、5分放置。

前髪も同様のウィービングで施術。カバーリングは2ミリ残す。30分放置後、水洗。

CHECK 5

バックトップは幅2ミリ、間隔5ミリ、深さ2ミリのウィービングでハイライトを施術。細かくウィービングを取ることで、白髪が少ない部分に明るさを足し、全体のバランスを整える。

POINT 1 ハイライト＋トナーで 白髪をきれいになじませる

ブリーチによるハイライトで、白髪の明るさに近づける。こうすれば白髪が伸びてもなじみやすく、ハイライト施術のサイクルも長くできる。ベースは寒色寄りだと白髪のように見え、ベージュ系だとオレンジっぽさが残ってしまう。グレージュで黄みをセーブしつつ、まろやかな色みに仕上げる。

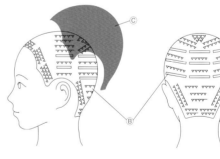

使用薬液

Ⓐ根元リタッチ／ロレアル プロフェッショナル「アルーリア ファッショングレイ」7クールブラウン:9クールブラウン＋6%
Ⓑハイライト／ミルボン「オルディーブ アディクシー」ハイブリーチ＋6%（2倍）
Ⓒトナー／ロレアル プロフェッショナル「アルーリア ルミトナー」10トープグレージュ:8ベージュ＝2:1＋2.7%

> FINISH

オーバーセクションに入れたレイヤーの効果で、正面から見ても横から見てもバランスの良いひし形シルエットに仕上げたスタイル。顔周りのレイヤーによって動きが出しやすくなっているのもポイント。ハイライト施術で気になる白髪をカバーしつつ、華やかさをプラスしている。

hair design_Natsumi Oikawa [kakimoto arms]
hair color_ Tomoyo Nishino [kakimoto arms]
make-up_Sakura Itoyama [kakimoto arms]
photo_Seiji Takahashi [JOSEI MODE]

及川さん流
大人の心をつかむ術

髪のプロとして説明を!

ボリューム不足やパサつきなどの髪の変化に気付いていても、お客さまはその原因が加齢によるものだと理解していないことも多い。お客さまの髪を任されているプロとして、髪に起きている変化をきちんと説明した上で、不足しているものをどんな方法で補うのかを伝えることが、より良い信頼関係を築くカギ。

アプローチの実例をストックし、
サロンワークにリアルに活用！

髪のお悩み
レスキューファイル

私が
担当します！

HAIR
TROUBLE
RESCUE
FILE: **#12**

DAISUKE
[MAGNOLiA]

THEME

ボリューム

複数の技を組み合わせて
効果的にエイジング対策！

エイジングによるお悩みは、お客さま本来の髪質ともあいまって、非常に多様。
そこに対応するためには、あらゆる種類の施術から必要なものを適格にチョイスして、
多角的に対処しなければならない。
パーマをはじめ、ヘアケアの効果的な使い方も学んでいこう。

		木村亜沙美 [K-two]	及川なつみ [kakimoto arms]	DAISUKE [MAGNOLiA]
第1章	[クセ]	◯ FILE 01	◯ FILE 02	◯ FILE 03
第2章	[ダメージ]	◯ FILE 04	◯ FILE 05	◯ FILE 06
第3章	[ボリューム]	◯ FILE 07	◯ FILE 08	◯ FILE 09
第4章	[エイジング]	◯ FILE 10	◯ FILE 11	NOW HERE! FILE 12

大人仕様のサロンワークに必要な
心構えとテクニック

エイジングによるお悩みは、他のお悩みとは異なるいくつかのポイントを押さえて対応しなければならない。
大人ならではの、気を付けるべき点とは？

エイジング対策、DAISUKEさんの3箇条

③

技術+商品選びで
多角的にお悩みを解決する

—

大人の場合は必ず複数のヘアケアメニューをおすすめするようにして、トリートメント等の力を最大限に使う。使用する商品の選び方からその使い方までを工夫して、多角的にアプローチし、複数のお悩みに対応。

②

パサつきを抑えて
若々しい印象に

—

髪質をきれいに見せることは、エイジング対策の基本。特にカットにおいては、髪がパサついて見えないように施術することが大切。量感調整は、セニングを極力使わず、スライドカットで対応するなどを心がける。

①

ボリュームアップは
複数の技術の足し引きで

—

大人にとって大切な「ボリューム」は、カットだけ、パーマだけ、ヘアケアだけ、ではなく、複数の技術を掛け合わせてつくると顔なじみが良く仕上がり、持ちも良くなる。

> 大人の女性の素材は、若い世代とは根本的に違うという意識をしっかり持つことが大切。
> 上記のように、すべての施術を「大人仕様」にしてこそ、エイジングによる悩みは解決できる。

エイジング対策、使えるテク＆考え方

PERM

■トップを軸にパーマデザインを構成

パーマでボリュームを出したいなら、最も重要なトップから巻き始める。表面に合わせて、他の部分のデザインを決めて巻いていくことで、バランスの取れた仕上がりに。

CUT

■ミニマムかつ立体的なカットベースでパーマに備える

パーマでボリュームを出すのであれば、カットはミニマムに、シルエットを立体的につくることを優先して構成。技術を足し引きして組み合わせることで、理想的なふんわり感がつくれる。

■顔周りをスッキリと、若々しく見せるカットを

若々しく見えるカットは、顔周りのつくり方がポイント。顔周りにすき間をつくったり（右）、もみあげを鋭角に仕上げたり（左）して、すっきりと見せる工夫が必要。

HAIR CARE

■ドライヤーで効果を高める

決められたメニューを提供するだけでなく、複数のメニューを組み合わせて、仕上がりの完成度を高める。例えば、トリートメント前に遠赤外線系のドライヤーを頭皮に当て、より美しい質感に。

トップが割れてつぶれやすく
顔周りが厚い髪

大人の女性が髪に求める要素の1つ、ボリュームを実現するときは、
ただ大きくつくるのではなく、全体のバランスを考慮して施術を組み立てたい。

現状分析

□ 硬さ	普通
□ 太さ	細い
□ 量	やや少ない
□ カットベース	前下がりのグラデーションボブ

トップが割れてつぶれやすくなっている。サイドやバックから見ると、ウエイトがかなり下がっている。対して顔周りには不必要な厚みが出てしまっており、若々しさに欠ける。

施術計画

トップは丸く、アンダーはタイトなメリハリあるシルエットを目指したい。カットで、全体のかたちを整えながらコンパクトに切り、そのフォルムをパーマで強調する。

カットプロセス

  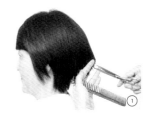

③
②で切った箇所を斜め前方に引き出して、角をとる。

②
顔周りは、前髪とつなげて、フォワード方向にオーバーダイレクションをかけサイドまで切る。パーマでバックへの毛流れが出やすくなるようにする。

①
前髪をガイドに、表面を前下がりラインにカットした後、つなげてアンダーをグラデーションカット。

パーマでボリュームを出すことを想定して、カットはタイトでミニマムな仕上がりを目指し、顔周りをスッキリとつくる。サイドは、パーマをかけたときにバックへの動きが出やすいようにフォワード方向にオーバーダイレクションをかけて切る。

全体のシルエットがコンパクトになり、ウエイトが上がった。トップは丸く、顔周りと襟足はスッキリとタイトに、メリハリができた。

⑤
耳後ろは毛量がたまりやすいので、しっかりと間引いて膨らまないようにする。

④
もみあげが長いので、表面とつなげてシャープにカット。顔周りをスッキリと見せる。

エイジング

DAISUKE [MAGNOLiA]

① 根元巻きを中心に、トップに立ち上がりをつける

前髪はさらに動きを出すために、2段に分けてそれぞれ毛先巻き1.75回転。 ③

フロント側は、割れるのを防ぐため、オンベースではなくアップステムで引き出す。動きを出したいので、中間巻き1.75回転。 ②

トップは後ろから巻く。アップステムに引き出し、太めのロッドで根元巻き1.75回転。根元から立ち上がりをつける。2線目はパネルはオンベースで引き出して巻き、特にボリューム感を強調。 ①

POINT — ボリューム最優先のバックトップは根元巻き、フロント側は中間巻き、前髪は毛先巻きと、巻き方をずらして重ねていくことで、自然な動きとボリュームが生まれる。

---

② フロントは締めてバックはボリュームアップ

バックサイドはオンベースに引き出して、1.75回転の毛先巻き。その下、耳後ろはアップステムに、後ろに引き出して1.75回転の毛先巻き。 ⑥

左は自然に落ちる位置にコーミングして、ダウンステムで毛先巻き1.75回転。対して右は床と平行に引き出して、同様に巻く。後ろに流れがちな毛流れを矯正する。 ⑤

顔周りはすっきりと見せたいので締める。ダウンステムに引き出して、毛先巻き1.75回転。2段に分けてワインディング。 ④

POINT — 後ろに行くにつれて、徐々にステムを上げていき、立体的なフォルムを目指す。また、⑥で巻く耳後ろは、サイドとバックサイドの毛流れをつなぐ役目をする。

---

③ 後頭部の丸みをしっかり表現する

⑧以外の襟足は、すべてピンパーマで動きを抑えて、タイトにつくる。 ⑨

襟足は、中心の1線だけ巻き、バックとのつなぎにする。ダウンステムで毛先巻きの1.25回転。 ⑧

バックはアップステムで、1.5回転の毛先巻き。トップを支えるようなボリュームをつくる。 ⑦

POINT — 襟足をただピンパーマでつぶすだけだと、上につくったボリュームが支えられず、丸みのあるシルエットになりにくい。必ず、支えとなる1線を入れる。

表面をエアリーにつくることが最優先。トップはアップステムの根元巻きで立ち上がりをつけ、顔周りや襟足は中間巻きやピンパーマなどで締めたり、毛先に動きを出したりと、トップのデザインを支えるようなパーマをかける。

ROD ON

ロッド経

ピンク：26ミリ、オレンジ：23ミリ、黄色：20ミリ、黄緑：17ミリ

プロセス・レシピ

1液：アリミノ「コスメカール プリズムプラスM」
2液：アリミノ「コスメカール プリズムプラス アフターローション」
つけ巻きでワインディング。10分放置後、クリープ8分、ガラス化12分。中間水洗後、2液塗布。5分・5分のつけ巻き。

WASH OUT

全体にウエイトが上がり、丸みのあるシルエットに。トップにはエアリーな動きが出て、バックにボリュームが生まれた。顔周りと襟足はすっきりと、サイドには立体的な動きができた。メリハリあるウエーブが完成。

エイジング

DAISUKE [MAGNOLiA]

左サイドへ流れるような動きをつけてスタイリング。左右の
サイドで巻き方を変えたので、動かしやすくなった。メリハ
リめるフォルムと表面のエアリーな動きが好バランスなシ
ョートに。

hair design_DAISUKE [MAGNOLiA]
make-up_HINATA [MAGNOLiA]
photo_Seiji Takahashi [JOSEI MODE]

CASE. 2

ダメージとクセで
裾周りが広がりやすい髪

大人のお客さまにぜひ提案したい、スペシャルなヘアケアメニュー。
さらに効果を高めるための工夫をプラスして、エイジングのお悩みに応えよう。

現状分析

□硬さ	普通
□太さ	普通
□量	やや多い
□カットベース	ワンレングスベースのボブスタイル

中間から毛先にかけて、グレイカラーの繰り返しによるダメージがあり、パサついている。また毛先にはうねるようなクセもあり、ダメージとあいまって広がり、まとまりにくい状態。サイドからみると、裾周りに不必要なボリュームがあるのが分かる。

施術計画

髪にハリコシを出しながら、不必要なボリュームを抑えたい。カットでは全体をシャープに、スッキリとしたフォルムに仕上げる。また、スペシャルなトリートメントメニューを複数組み合わせて、パサついた質感を改善する。

カットプロセス

ベースとなるカットの土台はキープしたまま、顔周りと裾周りにハサミを入れていき、すっきりとしたかたちに仕上げる。

③ バックの、厚みが出すぎている部分はグラデーションカットして、丸みを出す。

② ①を切り終わったら、同じ部分を床と平行に、前に引き出してカットし、前上がりのラインをつくる。

① カットはすべてドライカット。顔周りの髪は前方に引き出し、チョップカットで角をとる。

POINT

角をとって前上がりにし、軽めに仕上げた顔周りの毛束は、ベースと重なってあご周りに隙間をつくる。結果、フェイスラインをほっそりと見せてくれる。

④ トップを前に引き出し、レイヤーを入れて軽さを出す。

① 下準備 ｜ トリートメント前のひと手間で効果を促進する

POINT

エイジングにより頭皮が弱くなっていることが多いため、施術前にほぐして、トリートメントの効果をより高める。

②

幅広めのブラシを円を描くように動かして、ブラッシングしながら頭皮をマッサージする。手でもしっかりほぐす。

①

シャンプー前に、遠赤外線系のドライヤーを使用。地肌に対して垂直に、全頭に風を当てていく。

ヘアケアの中核をなすトリートメントメニューの効果を最大限に引き出すために、その最中と前後にさまざまなテクニックを組み合わせる。エイジングのお悩みは、たくさんのプラスαあってこそ解決できるのだ。

② トリートトメント ｜ トリートメントと美容液を組み合わせる

④

①と③で塗布した薬剤同士をより均一に混ぜ合わせるために®を再び全体につける。

③

ダメージを補修する®としっとり感を出す©をミックスし、ハケで中間〜毛先に塗布。

②

①を手で髪になじませる。フロントとバックを分担して2人で行ない、細部まで薬剤がいきわたるようにする。

①

ハリコシを出すためのケラチン系のトリートメント®を根元から毛先までスプレーする。

POINT

大人の女性は、若い世代に比べてプラスαメニューを受け入れてもらいやすい。その商品を使う目的をしっかり説明して、さまざまなお悩みに応えるようにしたい。

⑦

⑥の塗布後、再び頭皮をマッサージし、均一になじませていく。

⑥

プラスαのメニューとして、髪にツヤを出し、肌のリフトアップ効果もある美容液®を全体につけていく。

⑤

全体をコーミングして、④を均等に伸ばす。髪にしっかりハリが出てきたことを確認してからシャンプー。

使用薬液

®：ミルボン「オージュア エクイアル」、®：「オージュア フィルメロウ」、©：「オージュア クエンチモイスト」、®：イーラル「プルミエ ストレッチオール」

③ ブロー ｜ ふんわりと仕上げてトリートメントの効果を最大限に生かす

②

顔周りは、特に毛束を上げてブローし、カットでつくった「すき間」を強調して、顔をすっきり見せる。

①

ドライヤーの風は毛束に対して常に垂直に当たるようにする。毛束を持ち上げて、ロールブラシでしっかり根元まで巻き込むのがポイント。

POINT

上げて→根元まで巻き込んで→水平にブラシを引く。この繰り返しで、ふんわりと自然な丸みのあるシルエットをつくることができる。

トリートメントにより全体にハリコシとツヤが出た。裾周りのグラデーションカットと仕上げの内巻きのブローで、丸みのあるふんわりシルエットに。顔周りにも軽やかな動きがつき、フェイスラインをほっそり見せている。

hair design_DAISUKE [MAGNOLiA]
make-up_SAKI [MAGNOLiA]
photo_Seiji Takahashi [JOSEI MODE]

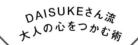

DAISUKEさん流 大人の心をつかむ術

「知ったかぶり」をしない

若い世代のスタイリストの場合、エイジングの悩みに対して「分かります」と、同意するスタンスでは、お客さまの共感を得られにくいことがある。お悩みについては、お客さまに話を「聞く」態度で接し、そのお悩みに対して、さまざまなサブメニューを提案していこう。

「クセ毛」の知識を深めよう

クセ毛に悩むお客さまにヘアデザインを提案するなら、技術力だけでなく、クセ毛に関する知識も身につけておきたいもの。
1人ひとり異なるクセにしっかりと対応できるよう、基礎知識をマスターしよう。

クセ毛ができる原因は……？

まずは、クセ毛が発生する原因について見ていこう。毛髪内部と毛根が、その秘密を握っている……！

毛髪にクセが発生する理由として、大きく2つの理由が考えられる。1つ目は、毛髪内部の構造の偏り。毛髪の内部にはコルテックス細胞が詰まっているが、クセ毛の場合、クセの谷側はコルテックス内の繊維が平行に集まっているのに対し、クセの山側にはスパイラル状にねじれた状態で詰まっている。この偏りがうねりを生む。2つ目は毛根の形状。毛根が曲がっていると、髪がつくられるときにねじれたり、湾曲したりしてしまう。

2　毛根の湾曲

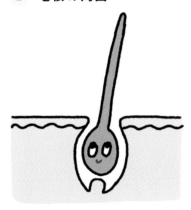

直毛

毛根が真っすぐなので、毛髪も真っすぐに生えやすい

クセ毛

毛根が曲がっていると、毛髪が真っすぐに生えることができず、ねじれたり湾曲したりする。

> ### クセ毛はいまだ
> ### 謎に包まれている…
> ―
>
> クセ毛とは基本的に、生まれつき（遺伝的に）直毛ではない毛髪のことを指す。ただ、クセ毛がどのような仕組みで発生するのかは、まだ解明されていない部分も多く、現在も研究が進められている。

1　コルテックスの偏り

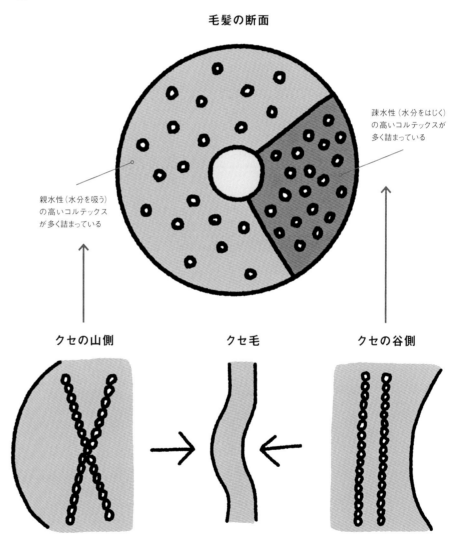

毛髪の断面

親水性（水分を吸う）の高いコルテックスが多く詰まっている

疎水性（水分をはじく）の高いコルテックスが多く詰まっている

クセの山側　　　　**クセ毛**　　　　**クセの谷側**

コルテックス内の繊維が傾いていたり、スパイラル状に並んでいたりする。シスチンが少なく、酸性アミノ酸が多いため、湿気による影響を受けやすい。

コルテックス内の繊維が毛髪の縦軸に対して平行に並んでいる。シスチンを多く含むタンパク質でできており、硬い。疎水性が高いため、湿気による影響を受けにくい。

監修_ルベル／タカラベルモント（株）
illustration_Akiko Tokunaga

「クセ毛」の知識を深めよう

クセ毛の種類

クセ毛にはいろんなバリエーションがある。
それらの特徴を確認し、実際にお客さまの髪をチェックしてみよう。

ひと口にクセ毛といっても、曲がっていたり、ねじれていたりと、その形状はさまざま。クセ毛は、主に「波状毛」「捻転毛」「縮毛」「連珠毛」の4種類に分けられる。ただし、1人の毛髪に1種類のクセ、というわけではなく、例えば波状毛と捻転毛が混在していたり、全体的には直毛が多くても、部分的に波状毛が混ざっていたりする。

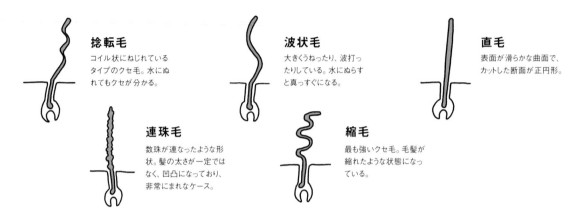

捻転毛
コイル状にねじれているタイプのクセ毛。水にぬれてもクセが分かる。

波状毛
大きくうねったり、波打ったりしている。水にぬらすと真っすぐになる。

直毛
表面が滑らかな曲面で、カットした断面が正円形。

連珠毛
数珠が連なったような形状。髪の太さが一定ではなく、凹凸になっており、非常にまれなケース。

縮毛
最も強いクセ毛。毛髪が縮れたような状態になっている。

クセ毛は3種類が混在している

たいていのクセ毛は、何種類かが混ざり合って生えている。その組み合わせと、クセの強さの度合いについて理解しよう。

サロンワークで実際に触れるお客さまのクセ毛は、上で紹介した「波状毛」「捻転毛」「縮毛」が混ざり合っている。乾いた状態では同じように見えるクセ毛でも、水にぬらしてみると様子が変わることもあるので注意。「水にぬらしてもクセが弱くならない」「切れ毛が多い」場合は、よりクセの強い状態だ。

クセのレベル	1	2	3	4	5
リングコームの長さ（約20センチ）でチェック。パネル1枚の厚さは5ミリ以下。					
特徴	うねるクセがあり、シャンプー後に真っすぐになる 毛髪1本の滑りは良く、ザラザラしていない 湿度が高いとうねりやすい	シャンプー後クセが残ることが多い 毛髪1本の滑りが悪い部分が多い 湿度が高いと膨らむ 一番多いクセのタイプ	見た目でクセが強いと感じる ブローなどスタイリングが大変 シャンプー後クセが残る 手触りが悪い	かなりクセが強い ストレートパーマをしないと収まらない 切れ毛などが多い	かなりクセが強い 新生部に切れ毛がある
波状毛	ほとんどが波状毛	少しある	少しある		
捻転毛	弱い捻転毛が少しある	弱い捻転毛が多い	弱い捻転毛が少しある	強い捻転毛が多い	強い捻転毛がある
縮毛			混ざっていることがある	少しある	多い

クセ毛と水分の関係

お客さまのクセの状態をチェックするときは、ドライの状態だけでなく、ウエット状態でも確認を。
そうすることで、より的確な提案ができるはずだ。

髪の形状は、主に水素結合とシスチン結合によって決まる。水素結合は、髪が水にぬれると切断されるため、ウエット時にはその影響はなくなる。つまり、乾いた状態だと強く、ウエット状態で弱くなるクセは水素結合によるものの可能性が高い。逆に、ウエット状態＝水素結合の影響がなくなった状態で強くなるクセは、シスチン結合によるものだと考えられる。

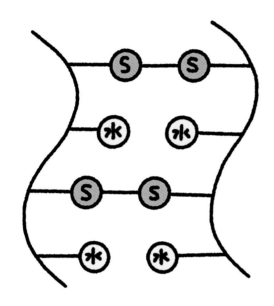

ウエット状態

毛髪が水にぬれると水素結合が切断され、シスチン結合のみがつながっている状態になる。

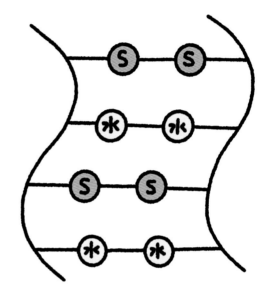

ドライ状態

水素結合もシスチン結合もつながっているため、どちらも毛髪の形状に影響している状態。

クセの強さが、ドライ時＞ウエット時
＝水素結合の影響が大きいクセ

水素結合による影響が大きいクセは、水素結合がつながっているドライ時にクセが強く出る。ウエットにすると水素結合が切断されるため、水素結合の影響が減少してシスチン結合の影響が大きくなり、クセが伸びる。そのため、クセが気になるときは、髪を乾かすときにクセを伸ばすようにしながらブローすると良い。

ウエット時のクセがドライ時にさらに強くなる
＝シスチン結合と水素結合の両方が影響しているクセ

水素結合はウエット時に切断されているが、シスチン結合の影響でクセが出る。ドライ時はシスチン結合に加えて水素結合の影響も加わるため、ウエット時よりもさらにクセが強く出る。クセを伸ばすためには、シスチン結合を切断して髪の形状を変えるパーマや、ストレートパーマが効果的。

クセの強さが、ドライ時＜ウエット時
＝シスチン結合の影響が強いクセ

シスチン結合による影響が大きいクセは、水素結合が切断され、その影響が減少したウエット時にクセが強く出る。ドライ時はシスチン結合よりも水素結合の影響が強いため、比較的クセが伸びる。クセを伸ばすためには、シスチン結合を切断して髪の形状を変えるパーマや、ストレートパーマが効果的。

エイジングによる毛髪の変化

年齢を重ねるとクセが強くなったり、白髪が出てきたり、さまざまな髪の変化が見られる。
ここでは、加齢によって大人の髪に何が起こるのかを見ていこう。

まずは……毛髪の基本構造

加齢による髪の変化を学ぶ前に、毛髪の構造についておさらいしておこう。

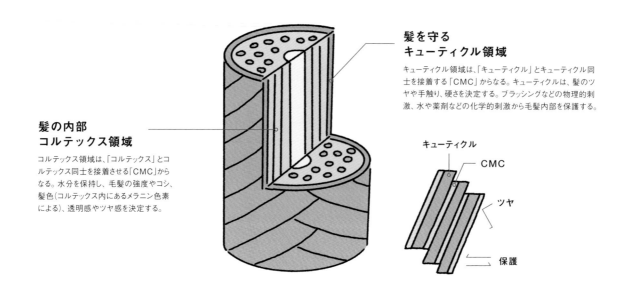

**髪を守る
キューティクル領域**

キューティクル領域は、「キューティクル」とキューティクル同士を接着する「CMC」からなる。キューティクルは、髪のツヤや手触り、硬さを決定する。ブラッシングなどの物理的刺激、水や薬剤などの化学的刺激から毛髪内部を保護する。

キューティクル
CMC
ツヤ
保護

**髪の内部
コルテックス領域**

コルテックス領域は、「コルテックス」とコルテックス同士を接着させる「CMC」からなる。水分を保持し、毛髪の強度やコシ、髪色(コルテックス内にあるメラニン色素による)、透明感やツヤ感を決定する。

加齢によって髪はどうなる?

年を重ねると、毛髪内部ではこんなことが起きていた……! 施術にも関わってくる大きな変化だといえる。

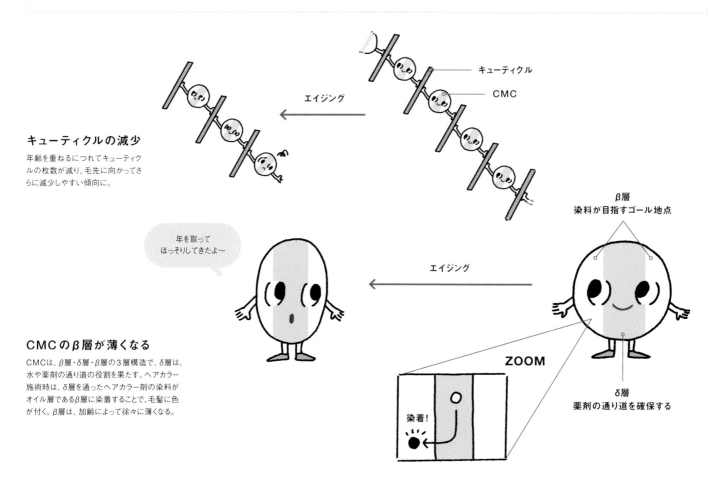

キューティクル
CMC
エイジング

キューティクルの減少

年齢を重ねるにつれてキューティクルの枚数が減り、毛先に向かってさらに減少しやすい傾向に。

年を取って
ほっそりしてきたよ〜

β層
染料が目指すゴール地点

エイジング

CMCのβ層が薄くなる

CMCは、β層・δ層・β層の3層構造で、δ層は、水や薬剤の通り道の役割を果たす。ヘアカラー施術時は、δ層を通ったヘアカラー剤の染料がオイル層であるβ層に染着することで、毛髪に色が付く。β層は、加齢によって徐々に薄くなる。

ZOOM

染着!

δ層
薬剤の通り道を確保する

アルカリの入った薬剤でエイジング毛に施術すると……？

毛髪内が変化したエイジング毛に対し、ケアをせずにアルカリ施術をすると、どうなるのだろうか？

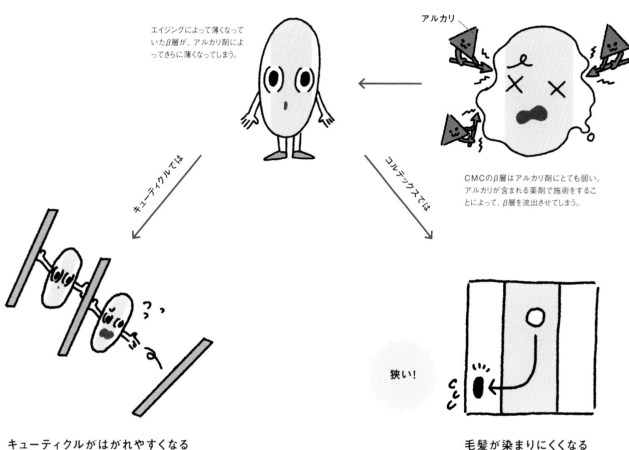

エイジングによって薄くなっていたβ層が、アルカリ剤によってさらに薄くなってしまう。

アルカリ

CMCのβ層はアルカリ剤にとても弱い。アルカリが含まれる薬剤で施術をすることによって、β層を流出させてしまう。

キューティクルでは

コルテックスでは

狭い!

キューティクルがはがれやすくなる

CMCのβ層が流出することで、キューティクル間の接着力がダウン。エイジングによって減ってしまったキューティクルが、小さな刺激でもはがれやすい状態に。

毛髪が染まりにくくなる

β層は、δ層を通ってたどり着いた染料が染着する場所。ここが薄くなると、染料が染着する場所が限定され、毛髪が染まりにくくなる。

キューティクルがはがれると……？
—

キューティクルがはがれて枚数が少なくなると、毛髪のツヤ、ハリ・コシが低下するだけでなく、指通りも悪くなる。表面のバリア機能が低下しているため、外部からの刺激に弱く、毛髪の質感も悪化していく。

ハリ・コシ
DOWN

表面のバリア機能
DOWN

ツヤ感
DOWN

指通り悪化

毛髪が色づく仕組み

私たち日本人の髪は、黒く色づいていることがほとんど。

では、髪の毛の色は、どのようにして決まるのだろうか。ここでは、その仕組みについて解説する。

毛髪内部の構造

毛髪をつくるために重要な役割を持つ毛髪内部の構造を確認しよう。

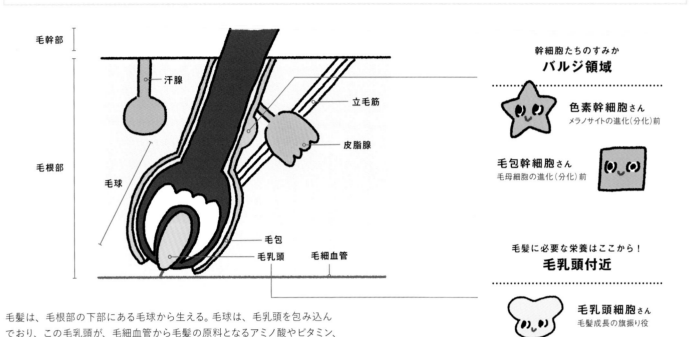

毛幹部

毛根部

汗腺

立毛筋

皮脂腺

毛球

毛包

毛乳頭　毛細血管

幹細胞たちのすみか
バルジ領域

色素幹細胞さん
メラノサイトの進化（分化）前

毛包幹細胞さん
毛母細胞の進化（分化）前

毛髪に必要な栄養はここから！
毛乳頭付近

毛乳頭細胞さん
毛髪成長の旗振り役

毛髪は、毛根部の下部にある毛球から生える。毛球は、毛乳頭を包み込んでおり、この毛乳頭が、毛細血管から毛髪の原料となるアミノ酸やビタミン、ミネラルなどの栄養を受け取り、毛髪の赤ちゃんとなる毛母細胞に渡す。

発毛と髪が色づくメカニズム

私たち日本人の髪が黒く色づき、発毛するまでの流れをつかもう。

④ 毛乳頭に着いた途端、色素幹細胞さんが進化（分化）！　名前を「メラノサイト」に変え、「メラニン色素をつくれるようになった」と得意げ。

③ 色素幹細胞さんと毛包幹細胞さんたちの旅の目的地は、毛乳頭。みんなが無事に到着した。

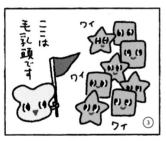

② バルジ領域から外の世界へ行きたいと思っていた色素幹細胞さんと毛包幹細胞さん一行は、「待ってました！」と、毛球の坂をどんどん下る。

① 毛乳頭細胞さんが、バルジ領域に住む色素幹細胞さんと毛包幹細胞さんに「わたしのところへいらっしゃい」と合図を出す。

⑧ 毛母細胞さんは、毛髪になるという任務を果たし、発毛成功！　メラニン色素を持った毛母細胞が毛髪の一部となったため、無事に色づいた。

⑦ 進化した後も増え続けた毛母細胞さん。やがて、メラニン色素を持ったまま仲間同士で合体する。

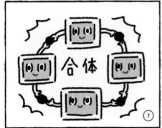

⑥ メラノサイトさんは、さっそく毛髪の髪色を決めるメラニン色素を生み出すと、毛母細胞さんへ絶妙なパスを送る。

⑤ 続いて毛包幹細胞さんも進化（分化）！　こちらは名前を「毛母細胞」に変え、「僕には、毛髪をかたちづくる任務がある」と背筋を伸ばす。

なぜ「白髪」になるのか

髪に色が付いていない状態である「白髪」。

毛髪内部でどのようなことが起きたとき、白い髪となって生えてくるのだろうか。その原因について解説する。

白髪が生える原因

白髪が出てくるのは、110ページで説明した工程のどこかに問題が発生している証拠。その原因はどこにあるのだろうか？

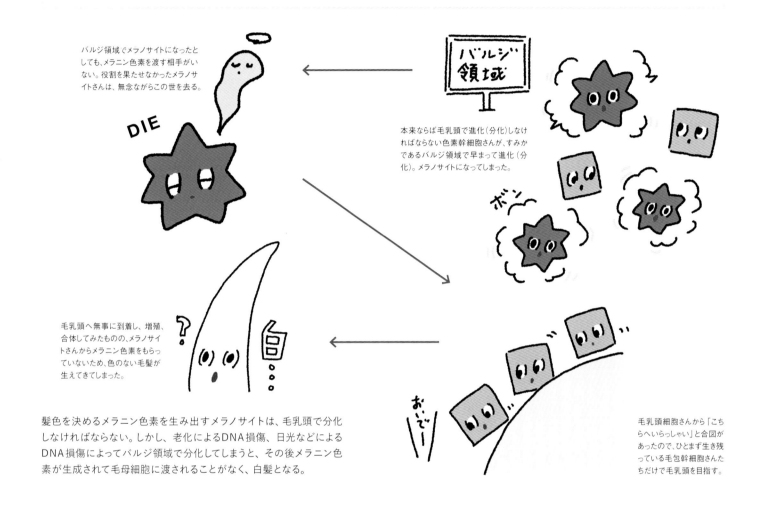

バルジ領域でメラノサイトになったとしても、メラニン色素を渡す相手がいない。役割を果たせなかったメラノサイトさんは、無念ながらこの世を去る。

本来ならば毛乳頭で進化（分化）しなければならない色素幹細胞さんが、すみかであるバルジ領域で早まって進化（分化）。メラノサイトになってしまった。

毛乳頭へ無事に到着し、増殖、合体してみたものの、メラノサイトさんからメラニン色素をもらっていないため、色のない毛髪が生えてきてしまった。

毛乳頭細胞さんから「こちらへいらっしゃい」と合図があったので、ひとまず生き残っている毛包幹細胞さんちだけで毛乳頭を目指す。

髪色を決めるメラニン色素を生み出すメラノサイトは、毛乳頭で分化しなければならない。しかし、老化によるDNA損傷、日光などによるDNA損傷によってバルジ領域で分化してしまうと、その後メラニン色素が生成されて毛母細胞に渡されることがなく、白髪となる。

他にも……エイジングで髪はこう変わる

白髪以外にも、加齢によって起こる髪の変化はさまざまある。それらについてもしっかりと把握しておこう。

髪の強度が下がると、クセが強くなる!?

加齢によって髪が細くなることで、クセが出やすい状態に。シスチン量が低下して髪の強度が下がると、毛髪の内部成分が流出しやすくなってしまう。毛髪内部がスカスカになったり、内部成分が偏ったりすると、クセが発生しやすくなるだけでなく、元々のクセがより強く出ることもある。

毛髪強度の低下

毛髪は、10代から30代にかけて太くなる傾向がある。しかし、その後は加齢に伴ってエネルギー代謝が低下することによって毛髪を生み出す毛母細胞の働きが弱くなり、髪が細くなる。また、毛髪の主要成分であるケラチンタンパク質をつくるシスチン量が減少し、強度も下がってしまう。

「18MEA」の減少

18MEAは、キューティクル領域の表面のCMCに多く含まれ、疎水性（水をはじく）の高い成分。毛髪表面を守ると同時に、毛髪同士を分離しやすくする働きがあるため、サラサラの指通りには必須。これも加齢によって減少し、また、アルカリによるダメージにも弱い。

加齢によるクセは不ぞろい

生まれつきのクセ毛は、同じようなセクションに一定のクセ毛が発生する。ところがエイジングによるクセ毛は、毛髪1本1本に個別に現れ、生える部分によって違うクセが生える場合も。どこにどんなクセ毛が生まれるのか予想しづらい。

木村亜沙美［K-two］

きむら・あさみ／1978年生まれ。京都府出身。NRB日本理容美容専門学校卒業。奈良県内1店舗を経て、'99年『K-two』入社。現在、青山店ディレクター。

及川なつみ［kakimoto arms］

おいかわ・なつみ／1986年生まれ。宮城県出身。仙台理容美容専門学校卒業後、2007年に『kakimoto arms』入社。現在、同サロン青山店のスタイリストチーフを務める。

DAISUKE［MAGNOLiA］

だいすけ／1985年生まれ。神奈川県出身。山野美容専門学校卒業後、都内1店舗を経て、2008年、『MAGNOLiA』のオープニングスタッフとして参加。現在、表参道店のディレクターを務める。

髪のお悩み レスキュー ファイル

定価	本体2,800円＋税
発行日	2020年1月25日
発行・編集人	寺口昇孝
発行所	株式会社女性モード社

［本社］
〒161-0033
東京都新宿区下落合3-15-27
Tel.03-3953-0111
Fax.03-3953-0118

［大阪支社］
〒541-0043
大阪府大阪市中央区高麗橋1-5-14-603
Tel.06-6222-5129
Fax.06-6222-5357

［表参道スタジオ］
〒150-0001
東京都渋谷区神宮前3-6-20
Tel.03-5771-0111
Fax.03-5771-0113

ブックデザイン	寺澤圭太郎　鈴木規子
印刷・製本	昭栄印刷株式会社

本誌に対するご意見、ご感想をお寄せください。
info@j-mode.co.jp
http://www.j-mode.co.jp